5.–

DIE KOMMENDEN TAGE

Risiken und Chancen der Wissensgesellschaft

Timur Diehn

Herausgegeben von Andreas Schlüter

EDITION STIFTERVERBAND

REDAKTION
Cornelia Herting
Simone Höfer
Michael Sonnabend

Gestaltung, Satz und Herstellung
HEILMEYERUNDSERNAU ■ GESTALTUNG

FOTOS
David Ausserhofer
(S. 8, 14–25, 36–67, 92–101,
114–123, 126–143,
154–171, 232–253)

Ekkehart Bussenius/standout.de
(80–91, 104–113, 144–151,
184–193, 202–211)

Michael Herdlein
(26–35, 172–181, 214–231)

Peter Himsel
(70–79, 194–201)

DRUCK
Druckerei H. Heenemann, Berlin

Printed in Germany
ISBN: 978-3-922275-52-7
www.stifterverband.de

MIX
Papier aus verantwortungsvollen Quellen
FSC® C020935

Bibliografische Information der Deutschen Nationalbibliothek
Die Deutsche Nationalbibliothek verzeichnet diese Publikation in der
Deutschen Nationalbibliografie;
detaillierte bibliografische Daten sind im Internet über
http://dnb.d-nb.de abrufbar.

Inhalt

NIEMAND LIEST VORWORTE

Statt eines Vorwortes: Interview mit einem Interviewer

Michael Sonnabend — Timur Diehn

Timur, du hattest mich gebeten, ein Vorwort zu diesem Buch zu schreiben. Aber wir ahnen es beide: Niemand liest Vorworte. Lass uns doch lieber über dieses Buch sprechen. Wie leicht oder schwer war es eigentlich, diese vielen unterschiedlichen und sehr beschäftigten Menschen für unser Projekt zu gewinnen und dieses Buch zusammenzustellen?

Man muss an all diese Entscheidungsträger überhaupt erst mal herankommen. Wenn diese erste Hürde geschafft ist, braucht man in erster Linie eines: viel Geduld. Oft hieß es, mehrmals und wochenlang zu warten. Zuerst auf das Interview, dann auf das Fotoshooting und schließlich auf die Textredigierung. Aber das Warten hat sich gelohnt.

Worin besteht deiner Meinung nach der besondere Reiz eines Interviewbuches? Ist das Interview nicht eine flüchtige journalistische Form?

Viele Zeitungen und Magazine benutzen das Interview als eine Art Plauderstunde. Das ist sehr schade. Als Fernsehautor habe ich außergewöhnliche Menschen in verschiedenen Regionen der Welt porträtiert und begleitet. Für den Dreh einer politischen Auslandsreportage übersteht man schon mal gemeinsam mit den Protagonisten eine beschwerliche Reise oder ein kleines Abenteuer. Dabei entsteht eine Atmosphäre, in der man mit der Zeit auch tiefere, berührende und sogar brutale Fragen stellen kann. Leider kann man beim Fernsehen auch aus ausführlichen Interviews später nur Bruchstücke in den jeweiligen Filmkontext einbetten, 30 Sekunden, selten länger. Das hat mich immer gestört und daran wollte ich arbeiten.

Daraus entstand unsere Idee für ein eigenes Stifterverband-webTV-Interviewformat.

2010 hatte ich auf deine Initiative hin damit begonnen, für die Homepage des Stifterverbandes Vordenker und Protagonisten aus Wirtschaft und Wissenschaft zu befragen. Wir haben uns ausführlicher, über eine Stunde lang, über große Entwicklungen und Veränderungen unterhalten und daraus Interviews in zehn Minuten Länge geschnitten. Bei den ersten Gesprächen mit Franz Josef Radermacher, Hartmut Rosa und Peter Kruse erhielten wir bereits dermaßen spannende Antworten, dass sich daraus Schritt für Schritt die Buchidee entwickelte.

Die Botschaft fast aller Interviewten in diesem Buch ist: »Die Dinge werden und müssen sich ändern, und zwar einschneidend und in nicht allzu ferner Zukunft.« Als Leser der Interviews drängt sich der Eindruck auf, dass wir in vielen Bereichen – Finanzen, Bildung, Energie – an entscheidenden Wendepunkten stehen.

Das fand ich auch frappierend. Als Kerngefühl ist dies sicher die Klammer des Buches. Letztendlich ging es in den besten Gesprächen stets auch darum, wie wir ein Gespür dafür entwickeln können, was sich brandaktuell neu entwickelt. Und: Was dieses Neue bereits bewirkt und verändert. Man erhält ein Gespür dafür, in welch spannenden Zeiten wir doch leben.

Wie kam die Auswahl der Personen zustande?

Viele Themen des Buches waren und sind ja große Themen des Stifterverbandes: neue Herausforderungen für Zivilgesellschaft und Bürgertum, Bildung als – bedrohtes – Kernmerkmal moderner Gesellschaft, Möglichkeiten und Potenziale von Diversity, neue Wissenspartnerschaften zwischen Wirtschaft und Hochschulen oder das Reizthema »Ökonomie neu denken«. Oberflächlich betrachtet tangieren solche Kapitel im Buch erst einmal die Verantwortung einzelner Expertenrunden oder »nur« gesellschaftlicher Teilbereiche. Unser Buch richtet diese vielen Einzelperspektiven stets auf eine gemeinsame Perspektive aus, nämlich auf die Zukunft der gesamten Gesellschaft.

Und deswegen findet man in jedem Kapitel und in fast jedem Interview Aspekte und Aussagen, die sich auf alle anderen Kapitel und Interviews beziehen lassen?

Für eine solche Reflexion braucht man Denker und Macher, die sich nicht nur in »ihre« jeweilige Fach- oder Interessenperspektive hineinzwängen lassen. Sie haben stets das Ganze im Blick und möchten sich auch nicht auf weniger reduzieren lassen. Bei vielen Interviewpartnern spürte ich förmlich ihre Sorge um das Land, in dem wir leben. Eine Sorge, die für viele die Sorge um Europa und die Sorge um die globale Zivilisation mit einschließt. Ich glaube, wir erleben hier einen neuen Typ bürgerlichen Denkens und Handelns, der klassische Brüche zwischen Fraktionen, Parteien und bürgerlichen Lagern in Deutschland zu überwinden trachtet. Von dieser Hoffnung schienen einige der Interviews jedenfalls förmlich »durchtränkt«.

Wir müssen ja immer an den Leser denken, der nicht viel Zeit hat. Warum sollte er oder sie dieses Buch trotz aller Zeitnot lesen?

Gesellschaft besteht heute stärker denn je aus Wagnissen und Experimenten. Nur wenn wir internationale politische Trends, technologische Visionen, die Entwicklungen in unserer eigenen Gesellschaft und die Herausforderungen akuter globaler »Baustellen« als Bausteine eines großen Ganzen begreifen, erhalten wir ein Gespür für die Lage, in der wir uns heute befinden. Wir erkennen die Risiken und die Chancen erst, wenn wir weniger parzelliert denken und öfter zwei und zwei zusammenzählen. Trotz der Einteilung in Kapitel und in einzelne Gespräche leistet dieses Buch hoffentlich genau das.

Dein Fazit?

Die schönsten Momente für mich waren, wenn sich der Interviewpartner dafür öffnen konnte, seine eigenen Positionen als Grundlage für eine tiefere, umfassendere Reflexion zu verwenden, anstatt nur – in bester Routine – abzuspulen, was er eben Wichtiges zu sagen hat. Problematisch bleibt, dass sich aus vielen Empfehlungen und Erkenntnissen, die ja oft genug im Alltagsgeschäft unbeachtet bleiben, weiterhin eine riesige Kluft zwischen empfehlender Wissenschaft, Wirtschaft, Politik und Zivilgesellschaft ablesen lässt. Hier bräuchten »wir« mehr Durchlässigkeit, mehr Brückenschläge, Übersetzungen, mehr gemeinsam erlebte Zeit für Austausch. Und hier sehe ich viele Möglichkeiten und im besten konservativen Sinne auch Pflichten für eine Organisation wie den Stifterverband.

TIMUR DIEHN

Timur Diehn, geboren 1968, studierte an der LMU München Politikwissenschaft und Philosophie und machte seinen Abschluss über die »Medienphilosophie im Computerzeitalter«. Für seine Umweltdokumentation »Water in the fields« (2004) und seinen Beitrag zur TV-Reihe »Wildfremd« zum Thema Integration in Deutschland (2008) wurde er für den Grimme-Preis nominiert.

NANCE
GLOBAL
GLOBAL GOVERNANCE
RÜCKKEHR ASIENS
MODERNISIERUNG DER DEMOKRATIE
GLOBAL WARMING
NEUE ZIVILGESELLSCHAFT
BRIC-STAATEN
EUROPA DER ZWEI LAGER
KETTENREAKTION
CHAOTISCHE SYSTEME
WACHSTUM ODER CHAOS
POINT OF NO RETURN
GELENKTER KAPITALISMUS?
BÜRGERBETEILIGUNG
PEAK
OIL

NEUES DENKEN

Lösungen für heiße Zeiten

Henrik Enderlein

LETZTE CHANCE FÜR EUROPA?

Die EU am Abgrund. Eine gemeinsame Wirtschafts- und Finanzpolitik in Europa ist unabdingbar, meint der Politik- und Wirtschaftswissenschaftler Henrik Enderlein. Doch dazu müssten die Nationalstaaten einen großen Teil ihrer Souveränität in die Union verlagern.

Warum müssen Eurostaaten im Jahr fünf der Krise die Sicherheit »systemischer« Banken garantieren?

Eigentlich sollte jede Bank abgewickelt werden können, ohne dass es zu größeren Problemen kommt. Aber die europäischen Großbanken sind dafür zu groß. Das Bankensystem ist eng vernetzt und hoch sensibel. Bricht eine Bank zusammen, können die Folgen für das ganze System verheerend sein. In Europa kommt noch hinzu, dass Großbanken die wichtigsten Besitzer von Staatsanleihen sind. Und so hat sich ein bemerkenswertes Kreislaufsystem entwickelt, eine Symbiose zwischen Bilanzen wichtiger europäischer Banken und den staatlichen Haushaltsbilanzen.

Staaten als Schuldner wie Italien oder Spanien zahlen Banken als Gläubigern Zinsen, damit diese ihnen wiederum neue Schuldpapiere abkaufen. Im Fall von Griechenland …

… flossen die höchsten Anteile der Hilfszahlungen nicht in die Staatskasse oder an die Bevölkerung, sondern an die Halter griechischer Anleihen, also an griechische und europäische Banken und an die Europäische Zentralbank. **Der Staat unterstützt Banken, damit Banken weiter den Staat unterstützen.** Es wäre notwendig, die Bilanzen von Staaten und Banken gemeinsam zu betrachten. Vielerorts in Europa bleibt der Finanzsektor überdimensioniert – nicht nur in Irland.

Wie lässt sich eine dermaßen stark verschränkte Abhängigkeit von Interessen zwischen Finanzindustrie und Politik überhaupt kontrollieren?

Das ist sehr schwierig. Aber dringend notwendig. Wir brauchen auf europäischer Ebene dringend eine starke Finanzmarktaufsicht und Bankenregulierung unter direkter parlamentarischer Kontrolle. Gleichzeitig muss sichergestellt sein, dass die kleineren und in der Regel weniger risikoaffinen Banken – in Deutschland zum Beispiel viele Sparkassen – nicht mit den Investmentbanken in einen Topf geworfen werden. Es ist positiv, dass in Europa an solchen Lösungen gearbeitet wird. Wir merken in der Eurokrise, dass uns die Instrumente fehlen, weil der politische Prozess im nationalen Denken verfangen ist. Kein Land will »seine« Großbank gern frühzeitig zu einer Sanierung oder zur kontrollierten Abwicklung zwingen. Deshalb muss eine supranational agierende Institution befähigt werden, marode Institute in die Insolvenz zu führen.

Als wichtiges Problem der Eurozone entpuppt sich auch die mangelnde finanzpolitische Abstimmung.

Ja. Im EU-Vertrag steht, dass die Wirtschafts- und Finanzpolitik Angelegenheiten von gemeinsamem Interesse sind. Leider denken die wenigsten nationalen Politiker so – übrigens auch nicht immer in Deutschland. Wer aber die EU-Ebene aus dem Blickfeld verliert, wird seiner eigenen Wirtschaft schnell schaden. Griechenland ist das Paradebeispiel: In den zehn Jahren vor der Krise war die griechische Lohnentwicklung so schnell in die Höhe geschnellt, dass Griechenland extrem an Wettbewerbsfähigkeit verlor. Niemand fühlte sich für die daraus resultierenden Risiken für Gesamteuropa verantwortlich – es handelte sich vordergründig um ein griechisches Problem. Es gibt in Europa keinen Schiedsrichter für übergreifende Wirtschaftsfragen und keine europäische politische Instanz, die einen Diskussions- und Einigungsprozess erzielen könnte, wenn es zu Fehlentwicklungen einzelner Länder im europäischen Wirtschaftsraum kommt. Oft wird gefordert, die Europäische Kommission sollte eine solche Funktion einnehmen. Das ist aber nur dann eine gute Idee, wenn die Kommission bei der Kontrolle der nationalen Wirtschaftspolitik viel stärker vom Europäischen Parlament kontrolliert wird. Aber weder die Stärkung der Kommission noch die Stärkung des Parlaments scheinen in den nationalen Machtzentren gewünscht zu sein. Niemand will »Brüssel« mehr Macht übertragen. Wir leben in einem Europa der nationalen Kurzsichtigkeit.

Was könnte auf der europäischen Ebene denn konkret besser laufen?

Die europäische Ebene kann nur dann erfolgreich sein, wenn sie selbst die richtigen Prioritäten setzt. In den ersten zehn Jahren der Währungsunion haben alle nur auf die Staatsverschuldung geschaut. Die war aber in vielen Ländern nicht das Kernproblem. Irland und Spanien haben die Stabilitätskriterien des Maastricht-Vertrags bis zur Krise nie gebrochen. Sie sind keine Schuldensünder, wie in Deutschland oft suggeriert wird. Was Defizit und Schuldenquote betrifft, waren beide Staaten Musterschüler, aber es gab andere Probleme – etwa den enorm schnell und künstlich aufgeblähten Immobiliensektor in Spanien. Warum hat man auf solche Entwicklungen nicht reagiert? Es ging immer nur um Defizite und den Schuldenstand.

Was sicher auch nicht ganz falsch war.

Natürlich: Zu hohe Schulden können eine fatale Wirkung entfalten. Aber vergessen wir nicht, selbst Deutschland hatte einst den Stabilitäts- und Wachstumspakt gebrochen und steht heute relativ solide da. Das Problem in Irland zum Beispiel war weder Schuldenstand noch Defizit, sondern das seit Einführung des Euros künstlich aufgeblähte irische Bankensystem. Was wir dringend benötigen, ist eine viel breitere Sicht auf wirtschaftliche Entwicklungen in Europa und eine politische Institution, die überparteiliche und transnationale Positionen innerhalb der EU bindend entwickelt und politisch vermitteln kann. Diese Instanz müsste Vorgaben formulieren, die bindend für alle sind und auf die Mitgliedsstaaten bindend reagieren müssen.

Vor allem: Wir hatten bereits vor Jahrzehnten mit der Einführung des Euros einen entscheidenden Schritt weit über den Nationalstaat hinaus getan und sind dann stehen geblieben. Europäische Krisenpolitik wird hilflos bleiben, wenn man im politischen Alltag vor allem die Interessen der nationalen Staaten thematisiert. Deswegen wird der Euro nicht überleben, wenn die Nationalstaaten nicht schnell Wege finden, gemeinsam Kompetenzen an die EU abzugeben. Hierzu müssten wir in Deutschland – wenn nötig – das Grundgesetz ändern.

Mittlerweile diskutieren die Politiker solche Szenarien.

Das ist gut so. Aber die Debatte wird viel zu zurückhaltend geführt. Es geht um die Schaffung eines neuen politischen Raums, der weniger ist als ein Föderalstaat, aber mehr als ein loser Staatenbund. Oft wird gerade von Eurokritikern gesagt: Der Euro kann nur in einem echten Föderalstaat überleben; für den sind wir nicht reif; deshalb kann der Euro nicht überleben ... Solche pseudo-proeuropäischen Statements, die eigentlich nur das Ziel verfolgen, den Euro wieder abzuschaffen, halte ich für gefährlich. **Was wir in Europa brauchen, ist eine neue Form der Regierung auf mehreren Ebenen. Dabei geht der Nationalstaat nicht kaputt.** Aber es entsteht dennoch ein Konstrukt, in dem einzelne Aufgaben gemeinschaftlich entschieden werden, vor allem im Bereich der Wirtschafts- und Finanzpolitik – in der Währungspolitik gibt es diese Vergemeinschaftung ja schon. Das ist für mich die »politische Union«, von der so viel gesprochen wird. Ich will nicht den deutschen fiskalischen Föderalismus mit dem Länderfinanzausgleich auf der europäischen Ebene reproduzieren. Wir brauchen ein schlankes, aber funktionierendes System der Wirtschaftspolitik in Europa, damit der Euro überleben kann. Wenn nötig, müsste in Deutschland ein Verfassungskonvent eine Grundgesetzänderung erarbeiten. Leider ist diese eigentlich notwendige Option einer Verfassungsänderung zurzeit eher unrealistisch, vor allem, wenn damit eine Volksabstimmung einhergeht.

Auch weil vielen Politikern die emotionale proeuropäische Grundhaltung früherer politischer Generationen fehlt?

Offiziell sind alle immer Europäer. Wir erleben aber heute eine stark aus nationalem Interesse resultierende euroskeptische Haltung. Angesichts der Folgen der Finanzkrise ist es zu einer Wiedergeburt des Ringens nationalstaatlicher Politik um wirtschaftliche Vorteile gekommen. Schon vor 2007/08 gab es immer ein Land oder den Vertreter eines Landes, der die Hand zum Veto gehoben hatte, wenn man die europäische Wirtschaftsregierung stärken wollte. Das galt auch für deutsche Vertreter. Mittlerweile wird mit noch härteren »nationalen« Bandagen gekämpft. Dass das fatal ist, wissen wir aus Erfahrung.

Die Wirtschaftsbeziehungen sind global, aber auch enorm stark im europäischen Raum verflochten. Und wir haben in Europa eine gemeinsame Währung mit einer gemeinsamen Zentralbank. Gleichzeitig aber bleiben europäische Nationalstaaten und die nationalen Politiker davon überzeugt, dass nur sie die einzig richtigen Entscheidungsinstanzen sind. Aus dieser

Schieflage resultiert die heutige strukturelle Unfähigkeit, auf die Krisen angemessen zu reagieren.

Eine Lösung, die diskutiert wird, wäre, das Ganze über die geldpolitische Druckmaschine zu lösen, also die Schulden zu inflationieren.

Was bedeutet: Die Europäische Zentralbank kauft Staatsanleihen aus den überschuldeten Staaten auf und kollektiviert Schritt für Schritt diese Schulden im Euroraum. Das ist ein Eurobond durch die Hintertür. So kommt es zu einer Art »Rettung«, die aber nicht parlamentarisch legitimiert oder kontrolliert ist und früher oder später die Legitimationsgrundlage des europäischen Einigungsprozesses gefährden könnte. Wir sehen doch schon heute, dass es in Deutschland vielerorts als zutiefst ungerecht angesehen wird, dass der Präsident der Bundesbank im EZB-Gouverneursrat nur eine von 23 Stimmen hat und problemlos überstimmt werden kann. Die EZB kann nur kurzfristig Abhilfe schaffen. Sie sollte nicht zur dauerhaften Gehhilfe für überschuldete Staaten werden. Denn langfristig würde die EZB damit auch ihr Mandat gefährden: die Beibehaltung der Preisstabilität im Euroraum.

Dennoch wäre ein Anstieg der Inflation um vier, fünf Prozent »systemisch« verkraftbar.

Es war immer schon eine Versuchung der Politik, auf hohe Schulden mit Inflation zu reagieren. Deshalb gibt es unabhängige Notenbanken. Würde die EZB die Krise im Euroraum tatsächlich über die Inflation lösen, dann entstünde ein ganz anderer Euroraum mit einer völlig veränderten ökonomischen und politischen, aber auch juristischen Architektur. Noch ist die EZB eine unabhängige finanzpolitische Institution. Aber in ihrer aktuellen Rolle als »lender of last resort für Staatsanleihen« …

… sie kauft Staatspapiere auf, die sonst eigentlich niemand haben möchte …

… begibt sie sich auf sehr dünnes Eis. Sie wird selbst über kurz oder lang zu einem politischen Akteur, der politische Positionen entwickeln und umsetzen muss wie ein Mitglied der politischen Exekutive. Dazu fehlt ihr die politische Verankerung und die parlamentarische Kontrolle. Die EZB müsste Positionen einnehmen wie: »Wenn die spanische oder italienische Regierung die von uns erwünschten Reformen umsetzt, kaufen wir ihre Anleihen. Wenn ein Land den von uns gesetzten Reformpfad verlässt, bestrafen wir es und stoppen die Ankäufe.« Damit würde die Europäische Zentralbank zu einem genuin politischen Akteur, der eine eigene wirtschafts- und finanzpolitische Politik betreiben müsste. Und das an Parlaments- und Wahlprozessen vorbei.

Normalerweise scheuen Zentralbanker eine Politisierung ihrer Aufgaben.

Und das völlig zu Recht. Die Europäische Zentralbank muss unabhängig bleiben – gerade wenn Politik der Versuchung nicht mehr widersteht, die EZB zur überhaupt noch einzig wirksamen Feuerwehr zu erklären. Wirtschaftspolitische Entscheidungen durch die EZB an demokratischen Prozessen vorbei darf es nicht geben. **Oft hört man dieser Tage, die einzigen Institutionen, die in der Krise noch Vertrauen verdienten, seien das Verfassungsgericht und Zentralbanken.** In einer solchen Aussage schwingt mit, dass das Vertrauen daher resultiert, weil diese Institutionen keiner direkten politischen Einflussnahme unterliegen. Das ist kein gutes Signal für die Demokratie. Am Ende eines solchen Prozesses landen wir bei technokratischen Regierungen, bei denen die Verbindung zwischen demokratischer Legitimierung und schmerzhaften finanzpolitischen Entscheidungen, die angeblich ohne Alternative zu fällen sind, kaum mehr gegeben ist.

Vor allem Mitgliedsstaaten aus dem Süden sehen eine Vergemeinschaftung der Schulden als die beste Möglichkeit an, ein Auseinanderbrechen der Eurozone zu verhindern.

Dieser Gedanke ist nicht abwegig. Deutschland zahlt so gut wie keine Zinsen für Staatsschulden, dagegen müssen andere Euroländer, mit vergleichbar hohen Schuldenständen wie Deutschland, völlig überzogene Zinsen akzeptieren, die sie direkt in den Staatsbankrott treiben. Da ein solcher Staatsbankrott am Ende uns allen schaden würde, ist eine Teilgarantie von Schulden in Problemländern durch Deutschland und die anderen Niedrigzinsländer eine Option. Doch zurzeit lassen weder das verfassungsrechtliche Umfeld noch die politische Debatte eine solche Lösung zu. Das Bundesverfassungsgericht hat im Urteil zum befristeten Rettungsfonds EFSF klargemacht, dass eine solche Vergemeinschaftung von Schulden mit dem Grundgesetz nicht vereinbar ist.

Sie persönlich setzen auf eine Reform der Architektur der EU, um eine stärkere Leistungsfähigkeit der europäischen Institutionen zu erreichen.

Ja! Europäische Politiker wie Helmut Kohl hatten die Einführung des Euros immer als notwendigen Zwischenschritt hin zur politischen Union gesehen. Dafür brauchen wir eine spürbare Souveränitätsverlagerung von den Nationalstaaten hin zur Union inklusive einer Stärkung der Rechte des Europäischen Parlamentes und eine grundlegende Reform der Wirtschafts- und Währungsunion. Es gilt, eine offene Debatte anzustoßen und in ihr die europäische Perspektive mutig zu vertreten.

Aber Sie meinten bereits, Souveränitätstransfers nach Brüssel funktionieren nach Auffassung des Bundesverfassungsgerichts nur bis zu einem bestimmten Grad.

Gerade wenn es um die Finanzen geht, kann man das nur machen, wenn wir zuvor das deutsche Grundgesetz ändern. Und damit bleibt der Prozess, mehr politische Handlungssouveränität auf europäischer Ebene zu gewinnen, schwierig. Installieren wir diese weitgehende Souveränitätsverlagerung durch eine Vertragsänderung auf europäischer Ebene, würde dies ein Referendum in vielen Mitgliedsländern nach sich ziehen müssen. Wir haben aber schon beim europäischen Verfassungsvertrag gesehen – der ja in Frankreich und den Niederlanden abgelehnt worden ist –, was dabei entstehen kann. So ein Referendum kann bei einer Ablehnung durch »nur« 300.000 Menschen auf Malta dazu führen, dass das ganze europäische Projekt einmal mehr gestoppt wird und dabei sichtbar an Legitimation verliert. Und es gibt in der Politik diese Angst, sich gegen den Wind aus der eigenen Bevölkerung zu stellen.

Ihr Fazit?

Der Euro muss vollendet werden. Bislang macht in Europa eine Zentralbank Geldpolitik für 17 unterschiedliche Länder. Das funktioniert nicht. Die EZB macht meistens die richtige Geldpolitik – aber für ein Land, das gar nicht existiert. **Erst wenn sich die Währungsunion zu einer politischen Union entwickelt hat, wird Europa wirtschaftspolitisch überhaupt handlungsfähig.** Nochmals: Es geht nicht darum, das Modell des deutschen Bundesstaats einfach so nach Europa zu transferieren. Das wird nicht gelingen. Wir brauchen so viel zusätzliches Europa wie dringend nötig, aber nicht mehr.

Wie sehen Sie die weltweite Situation? Sie warnten wiederholt vor »Ungleichheiten in der Weltwirtschaft« und deren Folgen. Was ist damit gemeint?

Starke Ungleichheiten in den globalen Geld- und Warenströmen haben die internationalen Finanzkrisen mit ausgelöst. Ein Beispiel: Die Nordamerikaner setzten seit Jahrzehnten sehr stark auf den Binnenkonsum. Dessen Anteil am Bruttoinlandsprodukt in den USA bleibt – was große Nationen betrifft – der höchste der Welt. Ein Land wie China wiederum hat praktisch keinen Binnenkonsum und lebt fast nur von der Exportindustrie und erzielt dabei eine ungeheure Sparquote. Da prallen Ansätze der Wirtschaftspolitik aufeinander, die kaum noch miteinander vereinbar sind. Trotzdem erhalten sie sich gegenseitig am Leben. Dieses Gebilde, das viele »Chimerica« nennen, diese unglaublich enge Verflechtung und Abhängigkeit hoher Waren- und Geldströme zwischen den USA und China, schafft seit Jahren ein trügerisches Gefühl der Sicherheit für alle Handelspartner …

... auch für die Exportnation Deutschland ...

… und für die bevölkerungsreichen asiatischen Staaten, die verstärkt mit China und den USA Handel treiben.

Kann man sagen, China und die USA machen aus deren Sicht kluge Finanzpolitik, auch wenn sie der Stabilität des Gesamtsystems schaden?

Sicher. China hält die eigene Währung unterbewertet, kauft also massiv US-Dollars auf den Märkten an, um die eigene Währung zu verkaufen. Dadurch entstehen Exportvorteile, weil die eigene Währung niedrig gehandelt wird. Gleichzeitig finanziert China durch die Kapitalflüsse günstige Kredite an die USA –

das passt alles recht gut zusammen. Die USA wiederum können durch den Dollar-Export nach China günstig Kredite aufnehmen. Es sind diese »Kreisläufe der Ungleichheiten«, die den künstlichen Konsum- und Immobilienboom und damit die verheerende Finanzkrise, die in den USA ihren Anfang nahm, mit angefeuert und mit verursacht haben.

Vielleicht werden die aktuellen Krisen ja etwas in unserem Bewusstsein verändern, was trügerische »nationale« Gewissheiten betrifft. Dagegen spricht, dass nationale Wirtschafts- und Finanzstrategien für sich allein für eine gewisse Zeit Sinn machen, sonst würden sie auch nicht betrieben werden. Was nun global ebenso fehlt wie in Europa, sind politische Instanzen, die solche komplexen wirtschaftlichen Abläufe auf globaler Ebene mit begleiten, wenn nötig Alarm schlagen und zum Umsteuern aufrufen, wenn sie Gefahren für die Stabilität des Gesamtsystems erkennen. Ich wünsche mir eine internationale Schiedsinstanz für wirtschaftspolitische Streitfälle. Sie müsste mächtige Länder wie die USA oder China abmahnen und Positionen einnehmen können wie: »Aus eurer Einzelperspektive mag es ja sinnvoll sein, was ihr tut, aber für die Weltwirtschaft kann das zum Kollaps führen.«

Einen Teilkollaps des Finanzsystems haben wir bereits erlebt.

Und er war vorhersehbar. Ich erinnere mich an Konferenzen Jahre vor dem Crash, auf denen zahlreiche Ökonomen darüber debattiert haben, dass es nur noch eine Frage der Zeit ist, bis das System zusammenbricht. Nur wenige konnten die genauen Details der Krise, die Verflechtungen zwischen Banken, Finanzmarktprodukten und Immobilienkrediten früh erkennen. Aber dass das Weltwirtschaftssystem heiß gelaufen war, das musste jeder Beobachter der Weltwirtschaft spätestens 2006 erkannt haben. Man hätte diese Dauerkrise also zumindest teilweise verhindern, aber auf jeden Fall abmildern können. Aber auf politischer Ebene gab es keine Instanz, die auf solche Warnungen reagieren kann oder will.

Keine »bedeutende« Nation möchte eine solche Schiedsinstanz über sich erheben.

Auch weil jede wirtschaftspolitische Entscheidung immer etwas mit Umverteilung zu tun hat. Deswegen werden diejenigen, die von einer aktuellen Situation mehr profitieren, immer versuchen, ihre Position zu halten. Und selbst wenn wir in Zukunft so ein Sekretariat für internationale Währungs- und Finanzfragen hinbekämen – mit einem Generalsekretär, der auf globale Ungleichgewichte in der Weltwirtschaft hinweist –, würde dennoch vielen Akteuren das gemeinsame Verständnis, das Weltgeschehen im Kern als ein eigenständiges wirtschaftspolitisches System zu erkennen, fehlen. Hier gleichen sich die Probleme in Europa und in der Weltwirtschaft.

HENRIK ENDERLEIN

Henrik Enderlein ist Associate Dean und Professor für Politische Ökonomie an der Hertie School of Governance. Nach dem Studium der Politik- und Wirtschaftswissenschaften an der Sciences Po in Paris und an der Columbia University in New York promovierte er in Politikwissenschaft am Max-Planck-Institut für Gesellschaftsforschung in Köln. Von 2001 bis 2003 war er als Ökonom bei der Europäischen Zentralbank in Frankfurt beschäftigt, ehe er 2003 Juniorprofessor für Wirtschaftswissenschaften an der Freien Universität Berlin wurde. 2005 wurde Enderlein als Professor in die Gründungsfakultät der Hertie School berufen. Enderlein ist zurzeit Gastprofessor an der Harvard University.

6

Franz Josef Radermacher

TANZ AUF DEM VULKAN

Die Energiewende kann nur gelingen, wenn wir neben der Reform der internationalen Finanzmärkte auch unsere eigenen Forschungspotenziale deutlich stärker aktivieren, sagt der Zukunftsforscher und Globalisierungsexperte Franz Josef Radermacher. Ein Interview über fehlende Forschungsinvestitionen, *global governance* und eine neue Verantwortung des Bürgertums.

Atomkatastrophe in Japan, Finanzkrisen, Eurokrise, Klimawandel. Drängende Probleme werden von der Politik verwaltet, fortgeschrieben, bleiben ungelöst. Verändert die wachsende Sorge um die Sprengkraft globaler Krisen die Frage nach der Verantwortlichkeit bürgerlicher Eliten?

Seit zwei Jahrzehnten liefert der Output des Finanzsystems zunehmend eine gigantische Fehlleitung von Kapital. Während sich am Kapitalmarkt immer neue Blasen bilden, investierten wir viel zu wenig in entscheidende Innovationen zur Sicherung unserer Zukunft. Vor allem beim zentralen Zukunftsthema Energie blicken wir auf zwanzig teilweise verlorene Jahre zurück. Während enorme Summen in vermeintlich attraktive Renditemöglichkeiten gesteckt wurden, die sich teils als heiße Luft erwiesen haben, gab es viel zu wenig Geld für realökonomische Prozesse und für echte Innovationen. Pioniere der Industriegeschichte wie Werner von Siemens oder Robert Bosch hätten heute kaum noch eine Chance, wirklich Innovatives umzusetzen. Und das geht so weiter, solange die Renditen im Finanzsektor zu hoch sind. Neben den großen institutionellen

Investoren ist als Kapitalgeber auch das besitzende Bürgertum mit verantwortlich für die Innovationsschwächen in zentralen Bereichen.

Dabei verbrennen die Exzesse am Finanzmarkt nicht nur enorme Geldsummen.

Wir verschwenden Ideen. Wir verschwenden Wissen. Wir verschwenden Chancen. Bei Energie, dem Zukunftsthema Nummer eins, beschäftigen wir uns seit vielen Jahren fast reflexhaft mit immer gleichen Themen, wie zum Beispiel Windkraft, Photovoltaik und Biomasse, ohne entscheidende Durchbrüche in anderen Bereichen zu erzielen. Gleichzeitig wartet einer unserer besten Ingenieure, der Ingenieur des Hamburger Fernsehturms und Werner-von-Siemens-Ring-Träger Jörg Schlaich, seit Jahrzehnten vergeblich darauf, dass Investoren die von ihm realisierungsreif entwickelten Pläne für ein großes Aufwindkraftwerk finanzieren. Damit könnte in großem Stil preiswerter und unerschöpflicher Strom aus der Wüste gewonnen werden. Oder nehmen Sie das Thema Super-Geopower. Hier geht es um ein neues Schmelz-Bohrverfahren, mit dem man im Erfolgsfall 15 bis 20 Kilometer tiefe druckstabile Bohrschächte erstellen kann, um aus dem heißen Tiefengestein superkritischen Prozessdampf aus zugeführtem Wasser zur Stromproduktion im Gigawattbereich zu nutzen. Über gleichartige Bohrschächte kann CO_2 durch Injektion zu Methan recycelt werden und so nach dem Vorbild der Natur schadfolgefrei technisch im geschlossenen Kreislauf genutzt werden. In solche eminent wichtigen Innovationen wurden über Jahre nicht einmal ein paar Millionen investiert und die Erfinder alleingelassen. In Bereichen, die der Gesellschaft hingegen kaum etwas nutzen, schrieben Investoren in den vergangenen Jahren Milliarden ab.

Ihrer Meinung nach liegt dies auch an den Strukturen im Forschungs- und Entwicklungsbereich.

Wir haben eine zu hohe Parzellierung der Themen. Niemand sieht sich für bestimmte Fragen überhaupt geschäftsmäßig als zuständig. Das Problem ist schon in der Frage angelegt, was man unter seiner Kernkompetenz versteht. Für wirklich Neues gibt es dann häufig niemanden, der für die infrage kommende Kernkompetenz zuständig wäre. Im Bereich Tiefenbohrtechnik und Super-Geopower etwa müssten Sie Unternehmen, die sich auf klassische Bohrverfahren für Ölförderung bis etwa acht Kilometer Tiefe spezialisiert haben, davon überzeugen, über viele Jahre riskant mit anderen technisch spezialisierten Firmen und großen Energieunternehmen zusammenzuarbeiten, um mit ganz neuen Verfahren bis in 15 bis 20 Kilometer Tiefe vorzudringen. Und das, wie gesagt, ohne erkennbaren Willen des Finanzmarktes, Risikokapital zur Verfügung zu stellen. Und auch die staatliche Förderung zielt primär auf die Umsetzung bzw. Markteinführung des Vorhandenen, weniger auf die Entwicklung des radikal Neuen.

Im Energiebereich kritisieren Sie vor allem auch die Strukturen herkömmlicher Forschungsförderung.

Das Thema Elektroauto zeigt beispielhaft, was es heißt, wenn plötzlich ein »Hype« entsteht. Allen scheinen einsichtig zu sein, dass wir jetzt forciert das Elektroauto brauchen. Gleichzeitig scheiden sich an der wichtigen Frage, woher der umweltfreundliche Strom für Millionen Autos preiswert kommen soll, in endlosen Debatten die Geister. Interessengruppen bilden sich, die auf staatliche Subventionen für bestimmte, schon absehbare Technologien hoffen, die also im Hintergrund um Pfründe streiten, was die objektive wissenschaftliche Debatte erschwert. In solchen Milieus verlässt irgendwann niemand mehr die Pfadabhängigkeit im eigenen Denken.

Niemand setzt also noch Ressourcen ein, um herauszufinden, wo die völlig neue Energiequelle liegen könnte, aus der wir beliebig Strom generieren könnten. Über Tiefengeothermie könnte man aber auch CO_2 in Methan verwandeln und dieses in einem geschlossenen Kreislauf als Antriebskraft für Motoren nutzen, ohne neue Infrastrukturen und Automobile mit Milliardeninvestitionen völlig neu aufbauen zu müssen. Gleichzeitig könnten Supertiefbohrschächte auf dem Gelände von Kernkraftwerken eine elegante Lösung zur sicheren Endlagerung abgebrannter Brennelemente durch Selbstversenkung unter Restwärme- und Schwerkraftnutzung ermöglichen. Insgesamt würde ein neuer Regelkreis entstehen, durch den sich Probleme in verschiedenen Bereichen gleichzeitig lösen lassen. Ich sage natürlich nicht, dass die beschriebenen Innovationen alle auch wie erhofft funktionieren werden, obwohl alle bisherigen Versuche positiv verlaufen sind, die Technik zur Umsetzung am Markt verfügbar ist und die Kostensituation sehr günstig zu sein scheint. Das müsste man jetzt ausprobieren. Leider ist für wirklich innovative Projekte im Tagesgeschäft aber kaum noch Platz. Das gilt nicht nur für die Selbstwahrnehmung großer Unternehmen.

Glauben Sie ernsthaft, dass unsere Forschungs- und Innovationssysteme einen Grad der Bürokratisierung erreicht haben, der grundlegende Entdeckungen unmöglich macht?

Wir arbeiten an Forschungsinstituten zu oft nur noch in überschaubaren, berechenbaren Mustern, die sich nur aus dem System, in dem wir uns – auch mental – bereits befinden, speisen. Am liebsten ist es der Forschungsförderung, wenn die Abnehmer der Innovation im Projekt gleich mitarbeiten und die spätere Markteinführung sichern. Aber ist das radikale Innovation? Wir etablieren zwar auch neue Forschungsinstitute und Lehrstühle, aber die bekommen sofort »aktuelle«, also eingegrenzte Spezialaufgaben verpasst. Jede Kapazität, über etwas grundsätzlich Anderes nachzudenken, geht dabei verloren. Gleichzeitig ist jeder Forscher gehalten, schnell zu liefern.

Drittmittel müssen im vorgegebenen Programmrahmen akquiriert werden, jeder steckt immer schon im aktuellen Auswahl-Ratingprozess. Die Forscher unterwerfen sich einer bürokratischen Struktur, mit der wir dann alle meinen, verantwortbar das Neue hervorzubringen. Aber das ist genau die Struktur, die fast alles wirklich Neue verhindert. Innovation wird bürokratisiert. Jede Idee muss schon so sehr in bekannte *frames* passen, dass sie überhaupt keine neue Idee mehr ist. Neues gibt es in unserer Forschungswelt fast nur noch inkrementell, also ausgehend vom schon Bekannten. Gleichzeitig verfahren wir, als ob in den Forschungsprogrammen selbst eine Art kollektive Intelligenz am Werke wäre. Dann werden einzelne Aufgaben von der Institutsleitung passend zerlegt und die Programme für die nächsten fünf Jahre routiniert geschrieben. So wird es dann »vernünftig«, auch nur einen Antrag zu stellen, wenn man die industrielle Verwertung gleich mitliefern kann. Wer das alles tut, arbeitet bürokratisch einen *frame* ab, in dem das eigentlich Neue nicht mehr vorgesehen ist – das würde nur die Prozesse stören. Was wir hingegen fast nicht mehr unternehmen, ist, hervorragende Individuen mit Geld auszustatten, damit sie über Jahre unabhängig forschen können. Wir geben ja unglaubliche Mengen in der Forschung für Bürokratie aus. Es würde schon helfen, vielleicht zehn Prozent unkonventionell, mit mehr Risiko einzusetzen.

Wie könnte man Stiftungsstrukturen besser einsetzen, um in Ihrem Sinne neue Mittel freizusetzen? Brauchen wir mehr große Stiftungen von großen Unternehmen, die mehr Geld bewegen?

Wenn die Rendite auf Finanzanlagen gering ist, wie das heute nach der Krise der Fall ist, haben kleine Stiftungen oft sehr geringe Volumina. Dann ist man sehr schnell so weit, dass der Apparat, der die Stiftung voranbringen soll, mehr kostet, als am Ende für den Stiftungszweck überhaupt zur Verfügung steht. Die einzelne Stiftung ist als Hebel dann zu klein, als Reaktion darauf werden Stiftungen gerne bürokratisch. Denn man möchte ja mit dem wenigen, was man hat, trotzdem noch an möglichst vielen Stellen etwas bewirken, auch, um den eigenen »Apparat« zu rechtfertigen. Also wird man viele kleine Summen einsetzen. Der Abnehmer muss sich um diese Startsummen herum mit den vielen notwendigen bürokratischen

Antragsprozessen für weitere Finanzierungen beschäftigen. Gleichzeitig müht man sich auch um die eigene Selbstdarstellung, was legitim ist. Dann stehen vielleicht freie Mittel von einer Million Euro für ein Jahr zur Verfügung. Damit will man zwanzig Forscher einbinden, um viele wohlklingende Programme zu verwalten, zu denen dann auch noch schöne Broschüren zu erstellen sind. So kommt oft nichts besonders Innovatives mehr heraus. Sehr große Stiftungen haben in diesem Fall mehr Möglichkeiten. Sie können bei anteilsmäßig geringeren Personalkosten auch mal fünf bis zehn Prozent ihres vielen Geldes höchst riskant einsetzen, weil es dann nicht erforderlich ist, unbedingt für jeden eingesetzten Euro planbare Ergebnisse zu erreichen. Das heißt, die Bürokratie entsteht nicht unbedingt immer aus sehr großen Volumina, es gibt auch – in relativer Betrachtung – viel Bürokratie in kleinen Stiftungen, in dem Bemühen, das kleine Volumen größer erscheinen zu lassen bzw. mit ihm mehr zu bewirken, als das Volumen eigentlich zulässt.

Vermögende suchen nach neuen Möglichkeiten, sich gesellschaftlich zu engagieren – etwa durch Gründungen privater Schulen und Hochschulen. Andere befürchten die Reichensteuer und eine neue Neiddiskussion. Welche Möglichkeiten sehen Sie angesichts aktueller Krisen für eine gesunde Balance zwischen gesellschaftlicher Verantwortung und der Wahrung begründeten Eigeninteresses durch das Bürgertum?

Bis 2008 hatten wir die Situation, dass Unternehmen wie Porsche in einem Jahr aus Finanzanlagen mehr Gewinn erzielen konnten als mit realökonomischen Umsätzen. Aber auch der klassische Eigentümer partizipierte an den hohen Renditen der internationalen Finanzmärkte der vergangenen zwanzig Jahre. Mitten im Schwelbrand der Finanzkrise drängt sich unseren illiquiden Regierungen nun die Frage auf, wer überhaupt noch liquide ist. Mittelstand und Bürgertum beginnen dabei erst zu erahnen, dass sie nicht mehr Gewinner der Auswüchse der Casino-Finanzmärkte sind und dass es auch für sie problematisch werden wird, wenn wir alle über unsere Staaten bei sehr wenigen Finanzakteuren fortwährend sehr hohe Schulden akkumulieren. Die Strangulierung unserer Staaten durch massive Zinsdienste wird auch für Vermögende Folgen haben. Das heißt, die Verlierer von morgen sind eher dort zu finden, wo noch viel zu holen ist, weil bei den vielen anderen nicht mehr so viel zu holen ist. Viele Prozesse laufen auf eine stärkere Belastung der Familienunternehmen und des Mittelstandes hinaus. **Hat man den Normalbürger genügend ausgeplündert, verlagert sich die Plünderung in die Mitte und in die gehobene Mitte und zum Schluss plündert ganz reich weniger reich.** Es wird jetzt also auch im Eigeninteresse des gehobenen Bürgertums enorm wichtig, sich gegen die immer gleiche Argumentationslogik der einflussreichsten Global Player und institutionellen Anleger auf dem Finanzmarkt zu wehren. Heute verfügen einige Investmentbanken und die Verwalter der größten internationalen Vermögen und Fonds über die weltweit absolut höchsten privaten Eigentumswerte in extremer Konzentration und Machtbündelung. Diese Strukturen bekämpfen dabei strikt jede Regulierung der Finanzmärkte, auch, wo sie in der Sache vernünftig wäre. Es waren diese wenigen Player, die im Rahmen der Liberalisierung der Finanzmärkte durchsetzen konnten, dass für sie bestimmte Regularien nicht gelten, die für jeden Mittelständler und jeden guten Kaufmann selbstverständlich sind, etwa was die Transparenz durchgeführter Geschäfte und der eingegangenen Verbindlichkeiten angeht.

Sie appellieren gewissermaßen an das Bürgertum, die soziale Marktwirtschaft zu verteidigen.

Und die Realökonomie. Ich glaube, wir sind an einen Punkt gelangt, wo der leistungsfähige Unternehmer, der ein überzeugter Vertreter der Marktwirtschaft ist, erkennt, dass es seinem Interesse nicht schadet, wenn die Staaten den internationalen Finanzsektor wieder stärker regulieren und globale Geschäftsaktivitäten adäquat besteuern. Wenn also Politik die Rahmenbedingungen der Märkte wieder selbstbewusster definiert. Es geht hier darum, Eigentum und produktives Kapital zu schützen. Dazu muss man aber erkennen, dass es mittlerweile neue Interessengegensätze zwischen »reich« und »reich« gibt. Was wir in der Finanzkrise an Zerstörung von Werten und an Sozialisierung privater Schulden zu verkraften hatten, weil sich institutionelle Anleger als *too big to fail* erwiesen und freigekauft werden mussten, zeigt, wie dringend wir mehr globaler Ordnungspolitik bedürfen. Im liberalisierten Finanzsektor – Stichwort Hedgefonds und Derivathandel – und seinen Schattenstrukturen – Stichwort Offshoreparadiese – haben sich Vermögen gebildet, die sich jedem gesunden, produktiven kapitalistischen Kreislauf entziehen. Damit der Finanzsektor wieder zum helfenden Medium und zum Katalysator der Realökonomie werden kann, müssten Unternehmer und auch einflussreiche Bürger mehr Druck auf die Politik aufbauen, den Finanzsektor, den wir alle ja brauchen, wieder stärker zu regulieren. Dies wäre für mich ein bürgerliches Anliegen im besten Sinne – auch aus Eigeninteresse. Hierfür benötigen wir auch verständiges Know-how aus dem Finanzsektor selbst, damit diese Regulierung vernünftig abläuft.

Gleichzeitig gilt es, Politik im globalen Maßstab handlungsfähiger werden zu lassen. Wir brauchen in Zukunft mehr funktionierende Global-Governance-Strukturen. Nur dann lässt sich zum Beispiel eine weltweite Finanztransaktionssteuer von 0,01 Prozent durchsetzen. Wir müssen schleunigst raus aus dem beengten Sichtfeld klassischer Landespolitik, sonst können wir globale wirtschaftliche Aktivität nicht vernünftig ordnen. Eine Vertiefung der europäischen Zusammenarbeit im Rahmen einer gemeinsamen Finanz-, Stabilitäts- und Wirtschaftspolitik wäre ein erster Schritt in diese Richtung.

Wir erleben international eine Explosion von Erwartungen und Ansprüchen – gleichzeitig findet Finanzkrise als globaler Schwelbrand statt. Wann und wie endet das?

Ohne Wachstum kommen wir aus der Verschuldung nicht mehr heraus. Nur neue Technik und echte Innovation liefern uns die Chance einer Vermehrung des Wohlstandes bei gleichzeitig geringerem Ressourcenverbrauch. Aber wir wissen gleichzeitig, dass endloses Wachsen auf Dauer das Falsche ist. Es gilt jetzt also, eine kaum mehr erträgliche Situation sogar noch einmal zu steigern, um in dieser Steigerung den Ausstiegspfad aus dem Wachstum zu finden. In den nächsten zwanzig Jahren müssen wir diesen Ritt auf dem Tiger wagen, den Tanz auf dem Vulkan. Während wir noch mal steigern, was wir gar nicht hätten steigern sollen, gilt es gleichzeitig, die Bedingungen dafür zu entwickeln, wie wir da wieder herauskommen. Wie bei einem Junkie, der es überzogen hat, können wir nicht von heute auf morgen alles radikal ändern – weil sonst die Lebenssysteme kollabieren. Der Junkie muss sich selbst mit Intelligenz steuern, durchaus noch im Zuwachs, aber dieser Zuwachs hat schon Teil einer Kurve zu sein, die später zum Absinken kommt.

Eine Doppelstrategie.

Ja. Auf Dauer müssen wir die Prozesse verlangsamen, weil wir das Tempo weder aushalten noch beherrschen. Aber der Weg dorthin erfordert eine letzte Beschleunigung, weil wir 2050 zehn Milliarden Menschen versorgen müssen. Technischer Fortschritt bleibt wichtig, reicht aber nicht mehr aus. Wir müssen gleichzeitig auf globaler Ebene Regelungsgrenzen durchsetzen, die bewirken, dass wir innerhalb dieser Grenzen mit technischem Fortschritt besser dastehen als vorher. Sonst übersetzen wir neue Technologien nur in immer noch mehr Aktivität und stehen danach noch schlechter da. Die Voraussetzung, dass unsere Zivilisation das überhaupt übersteht, ist eine doppelte massive Investition: in innovative Technik und in *global governance*.

FRANZ JOSEF RADERMACHER

Der Zukunftsforscher Franz Josef Radermacher ist gefragter Experte für Globalisierungsfragen, Klimawandel, umweltfreundliche Mobilität sowie Überbevölkerung und nachhaltige Entwicklung. Der promovierte Mathematiker und Wirtschaftswissenschaftler lehrt Informatik (Schwerpunkt Datenbanken und künstliche Intelligenz) an der Universität Ulm. Seit 1987 leitet er das Forschungsinstitut für anwendungsorientierte Wissensverarbeitung. Bekannt geworden ist er unter anderem durch sein Engagement in der Initiative Global Marshall Plan, die sich für eine gerechtere Verteilung des Reichtums und der Ressourcen in der Weltwirtschaft bei den führenden europäischen Institutionen einsetzt. Radermacher ist Vizepräsident des Ökosozialen Forums Europa, Mitglied des Club of Rome und Präsident des Global Economic Network (GEN).

Claus Leggewie

MUT-STATT WUTBÜRGER

In Zeiten außer Kontrolle geratener Systeme greifen die alten Mechanismen der Politik meist nicht mehr. Was das für die Gesellschaft bedeutet, erklärt der Politikwissenschaftler Claus Leggewie. Über alte und neue Mechanismen in der Politik und Herausforderungen für ein neues Bürgertum.

Ein Ende der internationalen Finanzkrise und der europäischen Staatsschuldenkrise scheint nicht in Sicht. Globale Probleme wie Klimawandel und die Verknappung von Rohstoffen und Nahrungsmitteln werden vonseiten der Politik oft ausgeklammert, sehr viel Aufmerksamkeit fließt in das kurzfristige Management akuter Krisen. Droht hier Politikversagen?

Politik schiebt immer etwas auf die lange Bank. Der Fachausdruck dafür ist dilatorische Politik, das heißt, man schindet Zeit und diese Zeit gibt einem die Möglichkeit, anfänglich unvereinbar wirkende Interessen am Ende doch zu einem Kompromiss zu führen, mit dem vielleicht viele unzufrieden sind, aber auch alle leben können. Das ist die übliche Form von freiheitlicher Politik, die den Handelnden Spielräume lässt. Gleichzeitig wird Politik immer kurzlebiger. Sie blickt, ähnlich wie Großunternehmen, auf Quartalsbilanzen, auf demoskopische Umfragen, auf den nächsten Wahltermin. Plötzlich wird eine Kommunalwahl in einem Bundesland zur Testwahl für Berlin hochstilisiert. So gesehen ist die Politik auf der einen Seite ständig damit beschäftigt, Dinge in die Länge zu ziehen, um überhaupt handlungsfähig zu werden oder zu bleiben. Auf der anderen Seite bindet sie sich an kurzfristige Ausschläge, an demoskopische Umfragen, Wahlen, die Bewertungen von Fernsehduellen und dergleichen mehr und versäumt, nachhaltige Entscheidungen zu fällen.

Manchen mag das deprimieren.

Aber das ist der Kern professioneller Politik, den man verstehen muss. Nur kann sich diesen Widerspruch zwischen Handlungsnotwendigkeit und Zeitaufschub Politik eigentlich nicht länger leisten. Das Zeitfenster, in dem wir noch sinnvoll auf die ernsthaften Gefährdungen des globalen Ökosystems – der Klimawandel ist hier nur ein Teil des Problems – reagieren können, ist kaum größer als zehn Jahre. Politik muss jetzt lernen, im Futur II zu denken. Das heißt, sie muss sich fragen: »Was müssen wir jetzt, in diesem Jahr, bis zum Ende des Jahres getan haben, damit wir im Jahr 2025 oder 2030 bestimmte gefährliche Entwicklungen des Klimawandels, also sogenannte *tipping-points* oder Kipppunkte zum Beispiel von Ozeanen oder anderen großen Ökosystemen, von vornherein vermeiden?«

Sie nennen das »Futur II«. Ist das nicht utopisches Denken?

Die Ablehnung einer solchen vorausschauenden und systemischen Politik in Bezug auf das globale Finanzsystem hat uns in den letzten Jahren gezeigt, was die Folgen für die Zukunft sein könnten, wenn wir auch in anderen Bereichen so weitermachen wie bisher. Jetzt starren wir wie gebannt auf die Finanzkrisen, aber auch das führt wiederum nur zu verkürztem Denken. Wir stehen vor einer globalen Herausforderung, die in ihrer Dimension mit Revolutionen wie der Einführung des Ackerbaus oder der Industrialisierung vergleichbar ist, sie ist nur komplexer.

Auf komplexe Herausforderungen scheint die Art, wie Gesellschaft Informationen verarbeitet, nicht gut eingestellt zu sein.

Wir müssen weg von einem rein moderierenden Staat, der allen wohl- und niemandem wehtun will. Schönes Beispiel: Der erste »Energiekompromiss«, bei dem man in die erneuerbaren Energien einsteigt, aber gleichzeitig Atomenergie verlängert und

Kohleenergie irgendwie über die Runden bringen will. Nach dem zweiten Kompromiss der Energiewende versuchen die Lobbyisten erneut, das Rad zurückzudrehen. Politische Führung muss dagegen den Mut zu klaren Ansagen zeigen, die zugleich ökonomisch vernünftig sein müssen und die in der Gesellschaft zu verhandeln sind. Gerade in Europa muss Politik wieder den Mut zu sinnvollen Zukunftsinvestitionen finden, sodass gezielt neue als sinnvoll erachtete Forschungszweige und Technologien gefördert werden und man gleichzeitig alte, veraltete Subventionierungen so schnell wie möglich auslaufen lässt. Es ist enorm, mit wie vielen Milliarden weltweit der Kohleabbau und die Nuklearindustrie subventioniert werden und wie gering dagegen die Förderung erneuerbarer Energien ist, deren angebliches Übermaß die Lobby bejammert.

Sie prognostizieren, dass für die nächsten Jahrzehnte entscheidende Veränderungen anstehen, die sich international auswirken werden. Dass wir uns entscheiden müssen, wie wir in Zukunft mit globalen Risiken gemeinsam umgehen sollten. Welche Herausforderungen stellen sich für das westlich geprägte Bürgertum – im Westen und in anderen Teilen der Welt?

Der Kern unserer Probleme ist ein Finanzsystem, das außer Kontrolle geraten ist und das nicht mehr im klassischen Sinne des Bankers der Renaissance vor allem sinnvolle Ingenieursideen

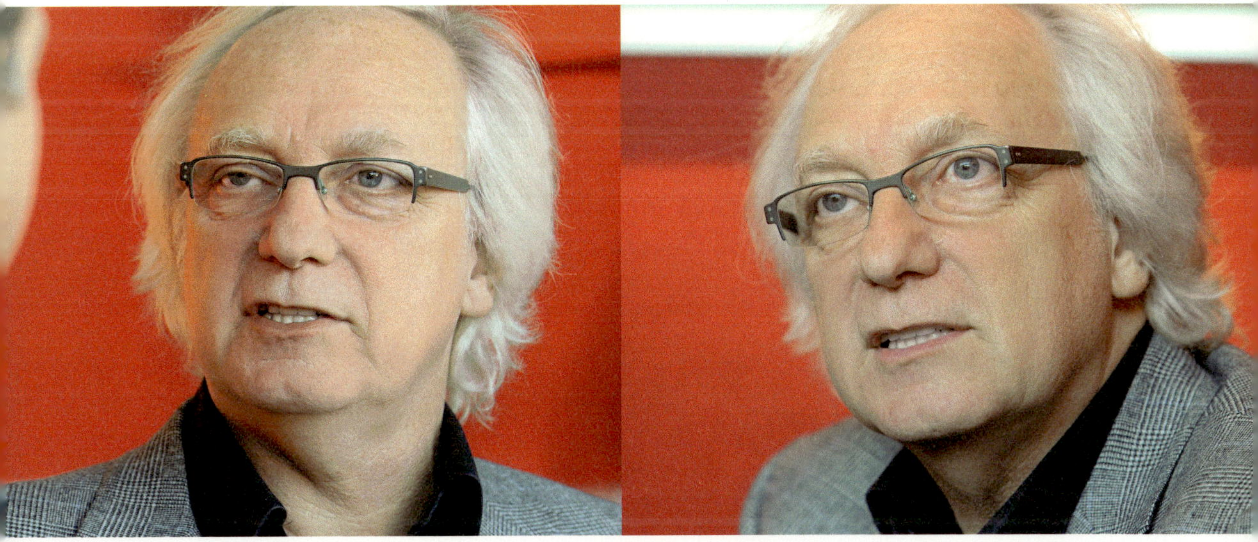

und unternehmerische Ideen finanziert – und mehr nicht. Es war falsch, die sogenannte Realökonomie der blitzschnellen virtuellen Ökonomie der Finanzmärkte unterzuordnen – vor allem, was die Auswahl und den Schwerpunkt weltweiter Ivestments betrifft. Wir müssten uns in der Ausbildung von Managern und Entscheidern wieder auf die Dinge, Themen und Werte konzentrieren, die für die Entwicklung einer lebenswerten Welt bedeutsam sind. Gerade damit ließen sich Unternehmertum und natürlich auch Gewinn und Profit generieren. Die Wirtschaftswissenschaft und auch das kulturelle Milieu der meisten Entscheider in der Wirtschaft sind meilenweit davon entfernt, aber die Stimmung kippt und einige gehen entschlossen voran.

Sie klingen fast schon wütend.

Nein, mit Wutbürgern, mit Leuten, die nur empört sind und sagen: »Wir haben die Schnauze voll«, wird man so einen Kurswechsel nicht hinbekommen. Wenn ich an die Aufgaben denke, vor denen wir stehen – an die globale Energiewende der nächsten zehn bis zwanzig Jahre zum Beispiel –, da brauchen wir Mutbürger, die Verantwortung übernehmen, die an-

stehende Aufgaben zu ihren eigenen Aufgaben machen und das nicht, wie bisher üblich, an den Staat, an »die da oben« und an die Politik delegieren, um dann hinterher wieder völlig enttäuscht zu sein, was »die« alles wieder nicht gemacht haben. Not tut eine vielstimmige, engagierte, kampfeslustige Zivilgesellschaft, die sich zu Recht für alle diese Entwicklungen mit verantwortlich fühlt. Wir sind alle Konsumenten. Wir sind nolens volens alle Spekulanten. Aber mit welcher Haltung? Wir könnten auch alle Ideenstifter, Unternehmer, Sinnstiftende sein.

Ist dieser Anspruch nicht zu elitär? Wie könnte man so einen Bewusstseinswandel zumindest erst einmal für sich erreichen?

Demokratisch elitär – das neue Verantwortungsdenken ist weder den Reichen noch den Bessergebildeten vorbehalten. Wir verbrennen alle zusammen die Regenwälder, wir können aber auch alle zusammen unsere Kraft in neue Entwicklungen investieren, dafür sorgen, dass die Wirtschaft zukunftsfähige und nützliche Güter und Dienstleistungen herstellt. Dafür brauchen wir nicht nur eine grüne Ökonomie, die mit sauberer Energie, Elektromobilität und transkontinentalen Wachstumsnetzen neue Wachstumspfade beschreitet. Vor allem müssen Bürger sich persönlich befähigt sehen, sich zusammenzuschließen, ihre Zukunft selber in die Hand nehmen, zum Beispiel Start-ups oder dezentrale Genossenschaften zu gründen, neue Märkte mit sinnvollen Gütern und Dienstleistungen zu beliefern, eine Peer-to-Peer-Wirtschaft zu entwickeln, Wissen zu tauschen. **In Europa geht ein neues Gespenst um, nämlich der Commonismus, also die Haltung, jenseits von Staat und Markt Allmende- oder Kollektivgüter zu propagieren und zu pflegen.** Das ist eine Bürgergesellschaft im emphatischen Sinne, die als Korrektiv und als Impulsgeber zur etablierten Wirtschaft dienen kann. Die gegenwärtige Metakrise fordert mehr, nicht weniger Demokratie ein und mehr individuelle Verantwortungsbereitschaft und kollektives Engagement.

Wie könnte man weltweit entsprechende Instrumente und Mechanismen entwickeln, die dazu führen, dass Nationen internationale Konsensentscheidungen tatsächlich in die Tat umsetzen? Wie kommen wir da hin, dass wir einen globalen Konsens finden, um tatsächlich weltweit bei nur zwei bis drei Grad Klimaerwärmung zu landen? Oder ist das eine Machbarkeitsillusion?

Was wir weltpolitisch im Moment erleben, ist ein Paradox. In der Ära des Kalten Krieges hatten wir zwei scharf antagonistische, sich eindeutig gegenüberstehende Blöcke. Die Wahrnehmung war: »Wir verstehen uns überhaupt nicht, weder ideologisch noch politisch, und wir sind in einem potenziellen militärischen Konflikt.« Aber unterhalb dieser Ebene hatten wir perfekte Mechanismen: Die UNO funktionierte als Puffer und trotz der Stellvertreterkriege gab es eine friedliche Koexistenz zwischen beiden Blockführern, der Welthandel zum Beispiel war immer sichergestellt. Wir hatten also auf der normativen Ebene scharfen Dissens, auf der instrumentellen Ebene tatsächlicher Politik aber hatten wir im Kalten Krieg zum Konsens und zu Instrumenten gefunden, die tatsächlich auch zu Ergebnissen geführt haben, zum Beispiel zu Abrüstungsbeschlüssen.

 Und heute?

Heute befinden wir uns in der umgekehrten Situation. Wir haben einen weitgehend von mehr als 120 Nationen unterstützten Konsens darüber, was alles zu tun wäre. Dass man in der Klimapolitik umsteuern müsste, da stimmen auch China, Indien und Brasilien zu. Aber bei der Implementierung schaffen wir es nicht, einen entsprechenden Weltklimavertrag verbindlich umzusetzen, bei dem es zu gegenseitigen Kompromissen kommt, wir eine entsprechende Budgetierung von CO_2 versuchen oder auch einen CO_2-Preis tatsächlich benennen oder – was dringend notwendig wäre – uns gemeinsam auf die Einpreisung der reellen Kosten unseres Naturverbrauchs einigen.

Jeder hofft auf die Eigeninitiative der anderen.

Woran liegt das? In Deutschland zum Beispiel lobt sich die Regierung selbst, weil sie eine Energiewende beschlossen hat. De facto bleiben wir aber weiterhin weit von einer transnationalen europäischen Energiepolitik entfernt. Das ist nur ein Beispiel, aber Solarförderung auf breiter Fläche wäre im Süden Europas weit sinnvoller als etwa im Norden Deutschlands und hätte Ländern wie Griechenland oder Spanien weit eher in ihrer Entwicklung helfen können als die kreditfinanzierten Boomblasen der letzten Jahre, die mit zum Finanzcrash des Westens geführt haben. Wichtige transnationale Projekte wie Desertec, die auch nordafrikanische Nachbarländer der EU einbinden und ihnen zu Wachstum verhelfen könnten, stocken. Eine konzertierte europäische Energiepolitik findet ebenso wenig statt wie eine gemeinsame Finanz- und Außenpolitik.

Hängt das damit zusammen, dass wir zu stark in nationalstaatlich engen Parametern denken? Man glaubt ja immer noch, dass man die Probleme der Zukunft national lösen könnte.

Wir erleben eine Renationalisierung der Europäischen Union, dabei wäre die EU in ihrer Basis ein perfektes Instrument, um Probleme, die nur noch grenzüberschreitend sind, auch supranational zu lösen. Aber sogar da fallen wir in altes nationalstaatliches Denken zurück. Das hängt mit der hochgradigen Verunsicherung der Menschen – aber auch der politischen Eliten – zusammen, die sich den Weg in Richtung Supranationalität nicht trauen. Einen Weg, den man längst eingeschlagen hat. Sie trauen sich nicht, ihn wirklich zu leben und sich offen dafür zu entscheiden. Stattdessen verharren wir in Angst und in alten Reflexen. Ich bin überzeugt, ohne Stärkung der politischen Strukturen der EU, also der Kommission und des Parlaments, und ohne offizielle Abgabe von Macht durch Länderparlamente wird es nicht gehen.

Das berührt Tabus.

Da müssen wir uns anstrengen, neue Kooperationsinstrumente zu finden, und ich habe kein Patentrezept dafür. Das müssen wir ausprobieren. Unser neues Käte Hamburger Kolleg, das wir soeben in Duisburg eröffnet haben, wird ein Ort sein, an dem darüber praxisnah und anwendungsorientiert nachgedacht wird.

Sie sagen auch, dass in den früh entwickelten Industriestaaten des Westens das Wachstum größtenteils an seine Grenzen gekommen ist.

Wir brauchen eher Entwicklung statt Wachstum. Entwicklung kann klassisches Wachstum beinhalten, muss es aber nicht. Die vielen Finanzblasen und Geldschwemmen, die Notenbanker und Politiker in Europa und den USA initiiert haben, waren verzweifelte Versuche, dort noch Wachstum zu simulieren, wo die Märkte schon gesättigt sind. Schon lange simulieren wir Wachstum auf diese Weise verzweifelt weiter. Interessanterweise drehen sich währenddessen bei vielen gerade die Wertepräferenzen. Materielles Wachstum steht in den früh industrialisierten Ländern Europas bei vielen nicht mehr an erster Stelle, sondern die subjektive Lebenszufriedenheit. Ich nenne das »das Glück mit den Leuten, die man kennt«. Und es sollte nicht verpönt sein, in diesem Zusammenhang von Glück zu sprechen, weil es um den Ausdruck einer Sehnsucht von Menschen geht, die sich in ihrem Leben permanent sogenannten Sachzwängen ausgesetzt sehen. Das berühmte »TINA« (*there is no alternative*) – im Gesundheitswesen, im Bildungsbereich, in der Verkehrspolitik, in der Art, wie wir arbeiten, Müll produzieren und so weiter –, ist das wirklich überall gültig? Gibt es keine intelligenteren Formen, Wirtschaft und Gesellschaft zu leben?

Man hält Ökologie und Ökonomie quasi für Gegner, wo man höchstens vonseiten der Politik her einzelne Kompromisse zwischen beiden Lagern initiieren oder durchsetzen kann. Entwicklung zum Teil ohne Wachstum – bei dem Konzept werden viele die Köpfe schütteln.

Wir wissen heute zum Beispiel, dass Einsparungen im Energieverbrauch um den Faktor vier – also viermal weniger – bis zum Faktor zwölf technisch funktionieren würden und als technische Lösungen zum Exportschlager für intelligentere Produkte, für Häuser, für Produkte aller Art werden könnten. Gleichzeitig erleben wir, dass der Verzicht auf eine gewisse Übermobilität und Überernährung, auf völlig überflüssigen Verbrauch von Landschaft, von Natur, von Umwelt unser Leben bereichern kann. Dies ließe sich umlenken in Projekte, an denen wir alle noch unseren Platz finden können – auch im Sinne eines unternehmerischen Selbst, das sich selbst erklärt: »Ich möchte eigentlich etwas anderes und ich möchte auch etwas dafür tun, etwas dafür leisten.«

Ich glaube, dass wir jetzt tatsächlich an einem Punkt angekommen sind, an dem viele genug haben von dieser Art von Lebensstil und tatsächlich nicht nur theoretisch überlegen, für die kommenden Generationen etwas anders zu machen, und mehr Chancen ergreifen, etwas Neues zu beginnen. Nicht nur, um das eigene Wohlsein voranzutreiben, sondern um eigene Positionen tatsächlich wieder mit gemeinschaftsorientierten Zielen zu verbinden, mit Gemeinsinn für mich und für andere.

CLAUS LEGGEWIE

Claus Leggewie ist Professor für Politikwissenschaften an der Justus-Liebig-Universität Gießen, Direktor des Kulturwissenschaftlichen Instituts Essen (KWI) und Ko-Direktor des Käte Hamburger-Kollegs »Centre for Global Cooperation Research« in Duisburg sowie Mitglied im Wissenschaftlichen Beirat der Bundesregierung Globale Umweltveränderungen (WBGU). Er ist Mitherausgeber der Blätter für deutsche und internationale Politik.

Eberhard Sandschneider

DER ERFOLGREICHE ABSTIEG EUROPAS

Ein Gespräch mit dem Experten für Außenpolitik und Leiter der Deutschen Gesellschaft für Auswärtige Politik (DGAP) über die Folgen des Machtverlusts des Westens. Wie könnte Europa den Übergang zu einem neuen globalen Gleichgewicht moderieren?

Die USA bemühen sich um die Ausdehnung der NATO gen Asien – was sich offensichtlich gegen China richtet. Gleichzeitig installieren europäische NATO-Staaten einen Raketenschutzschild – gegen heftigen Protest aus Moskau. Brasiliens Regierung verurteilt wiederum die Maßnahmen europäischer Staaten gegen die Finanzkrise scharf als »Währungskrieg«.

Und zwischen den Atommächten Indien und Pakistan häufen sich die Spannungen. Was auch durch die Einflussnahme des Westens und Chinas mit angeheizt wird.

Nimmt die Öffentlichkeit in Europa neue Entwicklungen auf internationaler Bühne oft zu spät wahr?

Die Europäische Union spielt in der internationalen Auseinandersetzung um aktuelle strategische Fragen bereits eine eher unbedeutende Rolle. Damit meine ich Konflikte um Wasser- und Rohstoffressourcen und Rohstoffströme in Zentralasien, Afrika und Lateinamerika sowie Konflikte um eine notwendige Ausbalancierung zukünftiger Machtgleichgewichte in diesen Regionen. Unsere Bedeutung sinkt, was diese Themen betrifft, unsere Politiker glauben aber immer noch, ihre Stimme hätte stets besonderes Gewicht.

Sie sagen, wir Europäer halten schon fast krampfhaft an lieb gewonnenen Mythen fest.

Zum Beispiel betonen wir stets die entscheidende Bedeutung und unverbrüchliche Festigkeit des Atlantischen Bündnisses. Tatsächlich orientieren sich die USA, sowohl ökonomisch als auch politisch, längst eindeutig Richtung Asien und nehmen Europa weniger denn je als ernst zu nehmenden Partner wahr, der in der internationalen Politik eine gewichtige Rolle spielt. Einflussreiche Partner in Asien werden für die USA viel wichtiger. In Brüssel und in den größeren Mitgliedsstaaten der EU geht man aber immer noch per se davon aus, dass man im Ausland als wichtiger »strategischer Partner« wahrgenommen wird, mit dem praktisch jeder gerne zusammenarbeitet. Das ist naiv. Selbst arme Staaten in Afrika haben mit Ländern wie China, Brasilien oder Indien denkbare Alternativen zur Zusammenarbeit zur Hand – wenn sie mit unseren Vorstellungen von Zusammenarbeit nicht zufrieden sind.

Aufstrebende Staaten wie Russland, Indien, China – aber auch der Iran – setzen selbstbewusster denn je eigene außenpolitische Strategien um und kooperieren in wechselnden Koalitionen – zum Teil mit, zum Teil gegen die Interessen westlicher Staaten. Kenner der internationalen Bühne sprechen bereits von einem strukturellen Machtverlust der USA und Europas.

Eine Entwicklung, die möglicherweise erst am Anfang steht.

Sie persönlich setzen auf einen möglichst rationalen Umgang europäischer und amerikanischer Eliten mit diesem Trend. Kann es aber sein, dass wir uns der Konsequenzen dieser Entwicklung noch nicht einmal bewusst sind?

Allein die Tatsache, dass China finanzielle Hilfeangebote für Europa ganz klar mit politischen Bedingungen verknüpft, zeigt, wie dramatisch schnell sich derzeit internationale Machtgleichgewichte weiter verschieben – übrigens nicht nur in Asien. Aktuell beinhaltet Chinas diplomatische Agenda das Ende des westlichen Waffenembargos und die offizielle Anerkennung Chinas als Marktwirtschaft durch die EU, die USA und Japan. Früher oder später wird beides geschehen – bis dahin geht man in Beijing noch Zugeständnisse ein, zum Beispiel bei der Besetzung neuer Führungspersonen von IWF und Weltbank durch Vertreter des Westens. Längerfristig stellt sich die Frage, wie die Supermacht USA auf diese Entwicklungen reagieren wird. Wir erleben schon jetzt ein neues Wettrüsten in Asien. Noch profitieren die USA finanziell hierbei aber von dem für sie unglaublich wichtigen Status des Dollars als Weltwährung.

Die Amerikaner werfen Kontinentaleuropa – und dabei vor allem Deutschland – oft außenpolitische Naivität vor.

Wir Europäer wiederholen in der Außenpolitik gewohnte Denkmuster, die sich vielleicht innenpolitisch als »politisch korrekt« erwiesen haben – zum Beispiel, wenn es um gewisse Werte und Menschenrechte geht. Natürlich ist dieses Thema sehr wichtig, aber das ständige Pochen auf eine apostrophierte moralische Überlegenheit des Westens liefert europäischen Politikern bei internationalen Verhandlungen nur einen Anschein von Bedeutung – und dies vor allem beim eigenen Wahlvolk. Im nicht europäischen Ausland wird durchaus mokiert, dass sich westliche Politiker in internationalen Verhandlungen oft mit Aussagen wiederholen, ihren Gesprächspartnern zum Teil förmlich vorbeten, was sie zu denken und wie sie zu urteilen hätten. Das wird nicht mehr funktionieren.

Zudem zieht Europa außenpolitisch nicht an einem Strang. Das irritiert vor allem unsere amerikanischen Partner.

Dabei entwickeln wir in manchen Bereichen weit bessere politische Lösungen als die USA. Nicht nur der amerikanische Vordenker Jeremy Rifkin sieht in vielen europäischen Konzepten von Demokratie, von sozialer und ökologischer Nachhaltigkeit ein praktikableres Zukunftsmodell als das, was beim ideologischen Dauerstreit, den wir in Washington erleben müssen, an Vorstellungen herauskommt. Diversität, die Fähigkeit zum Management politischer und kultureller Vielfalt, bleibt zum Beispiel so eine typisch europäische Stärke. Ob ein dermaßen zentralistisch organisierter Riesenstaat wie China auf Dauer Erfolg haben wird, bleibt doch die Frage. In den nächsten Jahrzehnten wird China jedenfalls sein gewohntes Maß an Ressourcenverbrauch und sozialer Ungleichheit wohl kaum aufrechterhalten können. Und zu Recht wird in Beijing der Arabische Frühling als Bedrohung wahrgenommen. Die Nachrichten über die Korruption der Führungskader in den Provinzen, die vor allem durch das Internet verbreitet wurden, verstärken den Druck auf die Elite. Der alte Spruch »Die Hauptstadt ist weit« gilt mehr denn je in einem Land, in dem es pro Jahr bis zu 120.000 Fälle von sozialen Unruhen gibt.

In Asien wird der Weg Chinas und Singapurs als mögliche Alternative zum westlichen demokratischen Weg diskutiert. Droht ein Wettbewerb der Systeme?

Manche asiatische Vordenker preisen die Vorzüge einer »Entwicklungsdiktatur«. So eine Diktatur, so sagt man, könne klug und mit langfristigem Blick für das Volk, aber nicht durch das Volk handeln. Diese Denkweise legitimiert sich zum Teil durch Aussagen der konfuzianischen Philosophie, die in China weiter einflussreich bleibt.

Und wenn die Bevölkerung und die ökonomische Konsolidierung »so weit« sind, könnte man das System in eine Demokratie überführen.

Tatsächlich hatte der Präsident des Kuomintang-Regimes in Taiwan von 1978 bis 1988 in seiner Amtszeit den Polizeistaat-Apparat schwächen und vorsichtig, aber stetig die Öffnung und Demokratisierung Taiwans einleiten können. Heute ist Taiwan eine konsolidierte Demokratie nach westlichem Vorbild. Öfters aber wird in Asien »das System Singapur« als Vorbild genannt, dessen bemerkenswerter wirtschaftlicher und sozialer Erfolg auch mit der Fähigkeit seiner Regierung zu guter Planung und mit diktatorischen Maßnahmen erklärt wird. In solchen Diskussionen zeigt sich vor allem der zunehmend selbstbewusste Anspruch asiatischer Eliten, die sich in Sachen Demokratie keine Lektionen mehr gefallen lassen wollen. Motto: »Wir gehen unseren eigenen Weg« und »Wir wollen auf gleicher Augenhöhe behandelt werden«.

Die chinesische Außenministerin Fui Jing betonte wiederholt: »Der Westen sollte wieder das Lernen lernen.«

Ich glaube, Werte diffundieren in ein anderes kulturelles System hinein, wenn sie aus sich heraus überzeugend und nach-

weislich stabilisierend wirken. Deswegen müssen wir unsere demokratischen Werte besser verkaufen. Nicht als moralischer Zeigefinger, sondern auch als Argument für mehr politische Stabilität. Das lässt sich sicher nicht von heute auf morgen umsetzen. Das benötigt Geduld. Wir haben es – nicht nur – in Asien mit zunehmend selbstbewussten Eliten und Kulturen zu tun. Und vor allem für die chinesische Elite wird es entscheidend bleiben, den wirtschaftlichen Entwicklungsweg nicht zu stören. Aus ihrer Sicht wird Effizienz also wichtiger bleiben als die politische Partizipation der Massen. Und in dieser Sache denken wir in Europa eben eher umgekehrt.

Gleichzeitig eröffnet China auf allen möglichen Ebenen den technologischen Wettlauf mit den USA …

… obwohl sie das offiziell weit von sich weisen. Aber sie leisten es sich bereits, in neue Technologien für einen zweiten Wettlauf zum Mond zu investieren – in einen Wettbewerb um Zukunftstechnologien, in den sich übrigens Indien bereits ähnlich intensiv engagiert. Welche Rolle wird Europa in diesem technologischen Wettlauf zukünftig spielen? Wenn ich solche Themen mit Politikern in Deutschland diskutiere, hören die genau zu, fragen nach, aber am Ende solcher Gespräche fallen dann Sätze wie: »In meinem Wahlkreis kann ich das nicht thematisieren.« **Das impliziert, dass unsere Politik, ich sage jetzt pauschal, unsere politische Elite die Gestaltungskraft auf dem Altar der Wiederwahl geopfert hat, und das kann auf Dauer nicht gut gehen.**

Wie meinen Sie das?

Dafür habe ich mich zu lange und intensiv mit unterschiedlichen Formen von politischen Systemtransformation beschäftigt, um für mich selbst nicht mehr verleugnen zu können, dass Demokratien, die die Aufgabe dauerhafter Zukunftsgestaltung nicht mehr leisten, zugrunde gehen.

Jetzt aber halblang …

Bis jetzt konnten westliche Demokratien über viele und lange Zeitläufe Wohlstandvermehrung durch Wachstum anbieten.

Nun stellt sich eher die Frage: Wie stabil werden Demokratien bleiben, wenn genau dieses nicht mehr im gewohnten Maße angeboten werden kann? Die Geschichte Lateinamerikas ist voll von Beispielen, die nachdenklich stimmen sollten. In Deutschland gibt es das Beispiel der Weimarer Republik – und im Augenblick? Sehen Sie sich Griechenland an oder andere Länder, wo demokratische Systemformen plötzlich nicht mehr liefern können, weil man über Jahre verschlafen hatte, sich den Herausforderungen zu stellen.

Übrigens entstammen die Problemländer, die wir in Europa heute haben, der ersten Erweiterungswelle der Union aus der Süderweiterung in den Siebziger- und frühen Achtzigerjahren. Alle diese Länder – Spanien, Portugal, Griechenland – waren bis kurz vor dem Punkt der Aufnahme noch Diktaturen. Die Europäische Union hatte sich in dieser Zeit nach Süden erweitert, um die darauf folgenden jungen Demokratien zu stabilisieren. Ein Experiment mit ungewissem Ausgang? Und was ist nun mit den Ländern der zweiten Erweiterungswelle, den osteuropäischen Ländern? Wie stabil werden diese Länder bleiben? Sehen Sie sich die Entwicklung in Ungarn an. Wir haben hier beunruhigende Tendenzen – mitten in Europa. Ich spreche hier natürlich nicht von einer Entwicklung, die nicht umkehrbar wäre, auf die aber viel mehr zu achten ist.

Sie warnen auch vor der wachsenden Gefahr eines militärischen Konfliktes zwischen China und den USA im Verlaufe der nächsten Jahrzehnte.

Es gibt derzeit kaum ein Land mit einer annähernd ökonomischen und militärischen Bedeutung, das innenpolitisch dermaßen zerrissen und blockiert wäre wie die Vereinigten Staaten. Keine Demokratie kann auf Dauer mit solchen extremen Auswüchsen innenpolitischer Konfrontation funktionieren; mit einer vergleichbaren Unfähigkeit, Kompromisse zwischen wichtigen Lagern zu erzielen und in staatstragenden Fragen zu Einigungen zu gelangen. Die China-Debatte läuft in den Vereinigten Staaten zum Beispiel komplett anders als die europäische. Die Europäer sehen durchaus mit besorgtem Blick auf China, wenn es um die eigenen Märkte und um das weltweite chinesische Investitionsverhalten geht, aber der außenpolitische Diskurs in den USA entwickelt hier eine klar ausdifferenzierte militärische Perspektive: Da wird China vom Pentagon ganz offiziell als zweite militärische Herausforderung neben dem Terrorismus eingestuft. Das ist sehr offensiv. Die Chinesen wiederum stellen sich gegen jeden Versuch, sie »einzudämmen«, wie man im Westen gerne sagt – vor allem, was ihren Anspruch auf den globalen Zugang zu den Rohstoffreserven betrifft. Und diese Kombination ist schon beunruhigend.

Sie warnen nun vor Bestrebungen, den sich abzeichnenden weltpolitischen Abstieg des Westens mit Gewalt zu verhindern. Glauben Sie tatsächlich, die Entwicklung ist schon so weit, dass man sich über solche Szenarien Gedanken machen müsste?

Die Zeiten, in denen wir dem Rest der Welt unsere Regeln vorschreiben konnten, sind jedenfalls vorbei. Wenn nun der Westen von einer einsamen Spitzenposition auf ein Plateau absteigt, das wir uns gemeinsam mit neuen Mächten und aufsteigenden Völkern teilen werden, was wäre so schlimm daran? Die Erfahrung aus der Geschichte lehrt aber: Politische Fehler, die in solchen Abstiegsprozessen immer wieder geschehen, können gnadenlos in die Katastrophe führen. Wir sollten den eigenen relativen Abstieg nicht militärisch verhindern wollen, sondern ihn akzeptieren und ihn kooperativ gestalten. So könnte der Westen, indem er den Wandel moderiert, sogar eine Art Führungsrolle beibehalten – sogar für eine gewisse Zeit als Erster unter Gleichen. Hierfür gilt es Wege zu finden, mit aufsteigenden Mächten künftig so umzugehen, dass Zusammenarbeit und Problemlösung ermöglicht bleiben, ohne dass es zu Versuchen einseitiger Interessendurchsetzung und hochgradig konfliktgeladenen Folgesituationen kommt.

Haben Sie auch Grund zum Optimismus?

Ein erfolgreiches Vorbild wäre für mich die Politik Großbritanniens in den letzten hundert Jahren. Dieses Land besaß ein Empire, gehörte zu den Weltmächten und konnte einen kontinuierlichen Abstieg seiner internationalen Bedeutung ohne massive innere Umwälzungen oder revolutionäre Umbrüche und Katastrophen managen. Natürlich lässt sich bei so einem Prozess ein »relativer Wohlstandsverlust« kaum vermeiden.

Aber was heißt das denn konkret? Fühlt sich ein junger Engländer aus dem Mittelstand heute »relativ ärmer« als seine Standesgenossen vor hundert Jahren? Ich denke, nicht. »Weltkriege um Wohlstand« wird es nur dann geben, wenn uns die Bereitschaft fehlen wird, mit denen, die ihre Chancen ergreifen, mehr als nur ein Almosen zu teilen.

EBERHARD SANDSCHNEIDER

Eberhard Sandschneider gehört zu den international bekanntesten und einflussreichsten Experten für deutsche Außenpolitik. Er ist Otto-Wolff-Direktor des Forschungsinstituts der Deutschen Gesellschaft für Auswärtige Politik und Inhaber des Lehrstuhls für Politik Chinas und Internationale Beziehungen an der Freien Universität Berlin.

Stephan Breidenbach

EIN NEUES WIR

Politik, Wirtschaft und Zivilgesellschaft müssen neue Wege der Zusammenarbeit entwickeln, meint der Rechtswissenschaftler Stephan Breidenbach. Warum Social Entrepreneurs zunehmend wichtiger werden und wie die Kreativität einer neuen Generation die Gesellschaft verändert.

Sie haben mit Gesine Schwan die Humboldt-Viadrina School of Governance gegründet. Hier sollen »Entscheider von morgen« eine themenübergreifende Ausbildung erfahren. Welche Sicht auf die gesellschaftliche Entwicklung verbirgt sich hinter diesem Anspruch?

Wirkliche Veränderungen in der Gesellschaft können nur aus der Mitte von Politik, Wirtschaft und Zivilgesellschaft entstehen. Angesichts der vielen drängenden Entwicklungsfragen, die moderne Gesellschaften heute unter Druck setzen, muss sich die Zivilgesellschaft in jedem Land – und über Ländergrenzen hinweg – weit stärker artikulieren. Sieht man sich die Vielzahl von informellen Abstimmungen an, die ständig zwischen Parteien, Lobbyorganisationen und gut organisierten Interessengruppen ablaufen, wird deutlich, dass Politik gar nicht divers genug betrieben werden kann. Sie wird viel zu oft an den Interessen von Gruppen schweigender Bürger vorbei betrieben.

Werden die Interessen der Bürger nicht über »ihre« Parteien repräsentiert?

Zum Teil ja. Aber in komplexen Gesellschaften werden viele Initiativen, durch welche Akteure ihre jeweilige Gesellschaft immer schon – jetzt, in diesem Augenblick! – verändern, oft zu spät von der Politik erkannt, geschweige denn verstanden. Wir brauchen verstärkt einen systemübergreifenden Austausch jenseits der festgefügten Interessenkonstellationen, also jenseits der Konstellationen von Macht und Identität, denen man sich nur noch anschließen kann oder eben nicht. **Viele Entscheider, Politiker, Manager und andere mit Macht ausgestattete Akteure entscheiden zu oft nur aus den Interessen ihres jeweiligen Subsystems heraus, dem sie sich persönlich zuordnen – oft wider besseres Wissen.** Sie ordnen sich dann als Person etwa den angenommenen Interessen eines bestimmten politischen Lagers, den angenommenen Interessen »der Wirtschaft« oder einer bestimmten Branche unter. Aber letztlich geht es nicht um einzelne Subsysteme, sondern um ein übergreifendes System – und das sind wir alle, die wir in einem Land oder in einem größeren Kontext, wie zum Beispiel Europa, zusammenleben.

So betrachtet: Fängt intelligenter persönlicher Umgang mit Veränderung damit an, dass man in seinem Handeln das ganze System bedenkt und immer möglichst viele Perspektiven zulässt?

Wir können es uns nicht mehr leisten, dass Entscheider in ihren Analysen zu achtzig Prozent Sichtweisen anderer einfach über Bord werfen. Wenn nicht alle Akteure lernen, permanent ein größeres Bild »der Lage« zu entwickeln, um dies im eigenen Denken und Handeln zu integrieren, werden wir mit den komplexen Themen, die uns schon heute beschäftigen, nicht adäquat umgehen können.

Während des Studiums an der Humboldt-Viadrina School of Governance entwickelt jeder Studierende von Anfang an sein eigenes Projekt, sein »Veränderungs«-Vorhaben, bei dem es stets um die Lösung eines konkreten gesellschaftlichen Problems auf übergreifender Systemebene geht. Dabei entsteht im gegenseitigen Lehr- und Lernprozess bei allen Beteiligten mehr Gefühl für das, was wir an unserer School »politische Plattform« nennen: den gesellschaftlichen »Trialog« zwischen Politik, Wirtschaft und Zivilgesellschaft. Dieser Trialog kann durch Erfahrungswerte, aber auch durch bestimmte Methoden, Mediation beispielsweise, gestaltet werden.

Ist das Ihr Primat der Zivilgesellschaft: Bürger können in wechselnden Initiativen und Bündnissen Interessen und Veränderungswünsche artikulieren, kollektiv ausprobieren und in Projekten ausleben? Ist es hierfür nicht notwendig, dass das Bürgertum altes Lagerdenken, etwa zwischen wertkonservativem Besitzbürgertum und liberalem Bildungsbürgertum, überwindet?

Lagerdenken vereinfacht die Perspektive zu stark. Wir haben in der Moderne stets parallele Welten, mit denen wir umgehen müssen. Die von Chris Anderson entwickelte Theorie des *long tail* ist eine gute Chiffre dafür. Eigentlich bezieht sich *long tail* auf ein ökonomisches Phänomen im Internet: Die Zielgruppen für bestimmte Güter, wie zum Beispiel Musik, differenzieren sich immer weiter aus. Deswegen kann es sich im Internet lohnen, für nur eine kleine Zielgruppe von tausend oder fünftausend Menschen eine CD zu produzieren, wenn die CD den Geschmack dieser wenigen ganz genau trifft. Mit der gleichen Dynamik differenzieren sich in der Moderne immer mehr Gruppen aus und entwickeln ihre eigenen Sprachstile, Werte, ihren inneren Zusammenhalt – wobei auch viele zwischen mehreren dieser Gruppen in ihrem persönlichen Lebensstil changieren. Aus all diesen Aktivitäten setzt sich die Moderne zusammen. Und damit müssen wir umgehen.

Und die Zivilgesellschaft könnte und sollte diese Vielfalt öffentlich machen, sie durch Aktionen und Diskurse kommunizieren und durch diesen gemeinsamen Austausch das politische System verbessern?

Das politische System bleibt natürlich zentraler Kern des Willensbildungsprozesses, es ist jedoch mit seiner »Repräsentationspflicht« von Gesellschaft überfordert. Wir erleben, dass es der Politik aus systemischen Gründen an langfristigen Strategien fehlt. Gleichzeitig spüren wir bereits die Folgen davon, dass wir keine Strategien haben, auch nicht für Probleme, die auf globaler Ebene ihren Ursprung finden oder sich global auswirken. Beispiel: Wir können natürlich in Deutschland aus der Atomenergie aussteigen. Aber wie steigern wir auch den globalen Anteil an erneuerbaren Energien? Wenn die Politik darauf keine Antwort weiß … gut. Dann stellt sich für den Einzelnen die Frage: Was machen wir nun? Wie lernt die Gesellschaft trotzdem dazu, um diese Probleme prozessual zu lösen? Wie machen wir gemeinsam die Gesellschaft lernfähiger? Und was kann ich persönlich dazu beitragen? Nicht *top down*, verordnet durch Intellektuelle, die von Platons Staat der Weisen träumen, sondern in einem selbst organisierten Prozess, in dem möglichst viele in ihrer Beteiligung Sinn, Freude und auch Spaß entdecken.

Wie entwickeln wir Institutionen, Prozesse und Regeln in einer Gesellschaft, sodass sich Veränderungen besser, schneller und effektiver vollziehen können? Veränderungen, die zum Ausdruck bringen, was sich die Menschen in einer Gesellschaft wünschen?

Zu Themen, bei denen Politik das alleine nicht schafft, wird letztlich nur die Zivilgesellschaft zusammen mit der Wirtschaft Neues beitragen können. Das bedeutet, dass beide »Silos« (also die Zivilgesellschaft und die Wirtschaft) nicht mehr nur miteinander reden sollten, sondern auch gemeinsam an etwas Größerem arbeiten, sich synchronisieren und daraus etwas

synthetisieren sollten, was wirklich neue Lösungsansätze für gesellschaftliche Probleme aufweist. Damit könnten sie dann auch die Politik wiederum »infizieren«. So entstünde ein echter Trialog zwischen engagierten Bürgern und organisierter Zivilgesellschaft, der Wirtschaft und der Politik.

Die Krisen von heute sind systemisch bedingt und zeigen uns an den Nahtstellen unserer Gesellschaft, an ihren zentralen Stellen, wo wir offensichtlich in falsche Richtungen arbeiten. Werden wir die Finanzkrise mit Mustern aus altem, bekanntem Denken und alten Subsystemen – zum Beispiel mit mehr Eigenkapitalregeln – allein wieder in den Griff bekommen, wie es die Politik im Dialog mit der Wirtschaft seit Jahren versucht? Ich glaube, wir brauchen andere Strategien. Und diese können nur aus einem auf Augenhöhe geführten Trialog zwischen Politik, Wirtschaft und Zivilgesellschaft entstehen. Hierfür müssten aber verstärkt offene und vertiefende Diskurse stattfinden, in denen sich Zukunftsgestaltung entwickeln kann, anstatt den Reparaturbetrieb für alte Systeme zu verfestigen.

Wir haben doch schon unglaublich viel Wissen, das sich gerade wegen des Internets über die Grenzen hinweg vernetzt.

Wir haben Wissen über Zusammenhänge auf Finanzmärkten, über klimatische Zusammenhänge oder etwa über das Versiegen bestimmter Ressourcen auf der Welt. Aber wir ziehen nicht die notwendigen Schlüsse daraus, um danach zu handeln. Warum? Weil wir offensichtlich – jedenfalls viele beteiligte Gruppen – mit nur einem bestimmten Bewusstsein und nur einer bestimmten Weltsicht an die Sache herangehen. Denn diese Weltsicht macht unsere Identität aus. Wir können uns nun mal die Organisation von Gesellschaft nur so vorstellen, wie es zu unserer jeweiligen Identität passt. Dadurch entstehen unflexible, nicht komplexitätsadäquate Konzepte von Gesellschaft und daraus wiederum ständig neue Krisensituationen.

Zum einen müssten wir also erkennen, dass wir diese Krisensituationen durch unser Denken selbst gestalten. Zum anderen brauchen wir andere Instrumente, mehr Flexibilität im Denken und Handeln. Und zwar vor allem auf der Ebene, auf der sich Gesellschaft immer schon selbst organisiert. Im Moment entstehen in vielen Bereichen erfolgreiche Pilotprojekte. Bürger probieren Neues aus. Nehmen Sie zum Beispiel die zunehmende Erfahrung von Social Entrepreneurs, die sich als Unternehmer gezielt einer gesellschaftlichen Problematik annehmen und genau dafür eine passende Lösung entwickeln – von erneuerbarer Energie bis zu Schulen, die die Potenzialentfaltung von Kindern und Jugendlichen in den Vordergrund stellen.

Und solche Projekte mit ihren neuen Ansätzen gilt es jetzt zu vernetzen?

Ja. Zum Beispiel sind im Bildungsbereich gerade die Vernetzung, die daraus resultierende Adaption und der gegenseitige Lernprozess von Best-Practice-Projekten der Schlüssel für wirklich bewusst gewollte und tief greifende Veränderungen. Es gibt bereits zahlreiche sogenannte »gelingende Schulen«, also Lernorte, die ihren Schülern ein humanistisches, kreatives Lernumfeld bieten und damit Strukturen und Atmosphären, in denen es gelingt, Kinder und Jugendliche fürs Lernen zu begeistern und bei der Entfaltung ihrer Potenziale zu begleiten. Solche Schulen und ihre Initiatoren, ihre Schulleiter und Lehrer gilt es noch mehr zu vernetzen und zu synchronisieren, damit sie sich als zivilgesellschaftliche Akteure auch gegenüber der Politik besser artikulieren können.

Und so gibt es für viele Herausforderungen schon jetzt erfolgreiche Pilotprojekte und das Wissen zahlreicher Akteure. Was wir im Moment nicht schnell genug schaffen, ist, das Wissen aus den vielen erfolgreichen Pilotprojekten adäquat zu vernetzen, dann zu skalieren und im Gesamtsystem, das heißt auch in der Politik, zu verankern. Wir haben oft Inseln von Lösungen, aber die Erkenntnisse kommen nicht in die breite Anwendung. Unser Schulsystem ist von curricularen Zwängen und Vorschriften eingekesselt und kann deshalb diese Projekte und ihr Erfahrungswissen bestenfalls zur Kenntnis nehmen. In anderen Subsystemen, wie zum Beispiel Gesundheit, haben wir die gleiche Problematik zwischen Initiativen und »dem System«. Die Frage ist also: Wie schaffen wir es, das Wissen Einzelner schneller für die Herausforderungen aller zu nutzen?

Wir brauchen also Prototypen und Vernetzung. Und wir brauchen darauf aufbauende, vertiefende Dialoge.

Ja, wir brauchen Prototypen, die wir schnell ausprobieren und beobachten können, um in kurzer Zeit herauszufinden, welche Wirkungen sie erzielen. Dann verbessern wir sie und bringen sie in die Fläche. Das ist ein anderes Denken, als drei Jahre lang einen Plan aufzustellen, der, wenn er fertig ist, sowieso schon wieder veraltet ist.

Wie teste ich also Lösungen? Wie mache ich das Wissen, das Einzelne in diesen Lösungen gesammelt haben, auch wirklich allen zugänglich, damit es in die breite Anwendung kommt? Das sind Fragen, an denen wir jetzt intensiv in der Zivilgesellschaft zu arbeiten haben.

Mit der Humboldt-Viadrina School of Governance operieren Sie primär als Hochschule, aber auch als Thinktank, und die Projekte Ihrer Absolventen stoßen gezielt gesellschaftliche Initiativen an. Der Stifterverband operiert mit einer ähnlichen Wirkungsbreite: als Organisation, Wissensvermittler, Thinktank und Initiator von Kampagnen. Ist diese neue Vielfalt die Zukunft der Zivilgesellschaft?

Ich glaube, dass wirkliche Veränderungen nur aus der Mitte der Politik, Wirtschaft und Zivilgesellschaft erwachsen können. Und das bedeutet, dass man miteinander reden und verschiedene Sichtweisen integrieren muss, damit das Wissen der verschiedenen Disziplinen und Akteure in die Lösungen einfließen kann. Dafür braucht es mehr als eine Wissensgesellschaft. Denn Wissen ist zwar vorhanden – aber was aus dem Wissen wird, wie ich daraus konkrete Handlungsschritte entwickele, wie ich diese Handlungsschritte in Prototypen gieße, wie ich mir mit diesen Prototypen ein vertieftes Feedback hole und wie ich wiederum aus diesem Feedback die Prototypen anpasse und neue Lösungen entwickele – alles dies ist für mich in dem Begriff Wissensgesellschaft noch gar nicht enthalten.

Was ich eher entstehen sehe, ist eine Prozessgesellschaft: Eine Gesellschaft, die neue Prozesse entwickelt, mit denen sie auf einer höheren Ebene Lösungen findet und nicht mehr nur den Reparaturbetrieb spielt. Das bedeutet, dass sich alle, auch alle Institutionen, in diesen Prozessen immer wieder verändern – verändern müssen! Dann haben wir Organisationen, die nicht nur fordern, sondern auch handeln und lernen: »Think- und Do-Tanks.« Und wir brauchen gesellschaftliche Orte, die genug Neutralität und Engagement aufrechterhalten, um das leisten zu können.

Meine These ist, dass wir bereits jetzt eine vierte Gewalt im Staat haben – neben Exekutive, Legislative und Judikative. Diese vierte Gewalt würde ich die »Partizipative« nennen – und das sind wir! Wir müssen dieses Wir nur noch mehr entdecken und mit Sinn füllen.

Und wie genau bringen »wir« das in die Politik ein?

Statt von der Politik etwas zu verlangen und dann frustriert zu sein, weil nichts funktioniert, muss sich die »Partizipative« selbst entdecken. Es ist etwas Wunderbares, dieses *Wir* zu entdecken. Daraus entstehen ganz neue Impulse, denn dieses neue *Wir* ist nicht gegen etwas gerichtet, sondern ist *für* etwas, denn es ergänzt die Politik. Und Partizipation heißt hier nicht, nur zu reden, sondern wirklich auch zu handeln: Wenn ich ein Anliegen habe, dann werde ich tätig, um es umzusetzen. Das heißt, Einzelne setzen ihre unternehmerische Energie ein, um ganz bestimmte gesellschaftliche Veränderungen zu erreichen.

Eine große Herausforderung dabei ist, über die verschiedenen Gruppen und Zuständigkeiten – den »Silos« – hinweg in einen Dialog zu kommen. Wenn sich Manager mit Vertretern der Zivilgesellschaft austauschen, versteht die Zivilgesellschaft die Herausforderungen und die Denkweise von Unternehmen besser – und umgekehrt verstehen Manager besser, was Bürger von Unternehmen erwarten. Nur über viele, sehr viele solcher Prozesse können sich Lösungen entwickeln.

Das heißt nicht, dass jede Gruppe von der anderen deren Werte übernehmen muss, aber je transparenter jede Gruppe sich selbst darstellt und vermittelt, desto mehr können andere sie verstehen und sagen: »Aus deren Kontext macht es Sinn, was die da tun.« Dadurch entsteht Offenheit und man kann darüber reden, wie man etwas verbinden oder ob man etwas ändern sollte und warum – ob eine bestimmte Systemlogik eigentlich noch angebracht ist usw. In einem solchen offenen, für den Dialog bereiten gesellschaftlichen Bewusstsein entstehen zum Beispiel Firmen, die nicht nur Profit, sondern auch soziale Ziele verfolgen. Und zwar nicht nur als Wurmfortsatz in Form einer CSR-Strategie, sondern als eigenständiges Gründungs- und Existenzziel. Das wird derzeit überall sichtbar. Wir werden noch sehr viele überraschende Lösungen, viele neue Formen von politischem Unternehmertum erleben, die die Zivilgesellschaft aus sich selbst heraus gerade hervorbringt.

Was Sie zu vermitteln suchen, hat also auch mit einer »Beobachtung zweiter Ordnung« zu tun, mit der Fähigkeit des Einzelnen, höhere Ordnungen zu beobachten, während er genau das macht, was ihn im Alltag sowieso immer beschäftigt.

Immer.

Ein Beispiel: Ich bin Banker, ich gehe jeden Tag in meine Bank, ich habe das spezifische Wissen verinnerlicht, damit ich in diesem, »meinem« System etwas leisten kann. Das ist ja schon eine komplexe Leistung. Ich informiere mich in den Medien zum Beispiel jeden Tag über das Weltfinanzgeschehen.

Das ist schon eine Herausforderung.

Und jetzt kommen Sie und wollen, dass ich zusätzlich auch noch in meinem Leben diese Beobachtung der zweiten Ordnung leiste, also dass ich in die Diskurse hineinwachse, von denen Sie sprechen und von denen ich als Banker oder Arzt oder Politiker vielleicht noch gar keine Ahnung habe?

Ja. Denn Zukunft gibt es zum einen für mein Unternehmen, aber zum anderen auch für uns alle. Das muss ich immer mitdenken und auch leben.

Damit die Gesellschaft weiter gut funktioniert.

Und sich dabei so entwickelt, dass wir Bedingungen für ein gelingendes Leben aller ihrer Mitglieder schaffen – das ist der Kern. Gelingendes Leben ist eine wunderschöne Formulierung des Philosophen Robert Spaemann. Was ist eigentlich bewusste und gestaltete gesellschaftliche Entwicklung? Wie kann ich dazu beitragen, allen ein gelingendes Leben zu ermöglichen? Das ist ein unglaublich vornehmer Grundsatz für eine Gesellschaft. Einerseits weist er in etwas hinein, was sich entfaltet. Andererseits lässt er eine Vielzahl von Möglichkeiten, Werten und Entfaltungsmöglichkeiten zu und unterstützt damit den Wunsch jedes Einzelnen nach einem intensiven, freudvollen und kreativen Leben. Dahinter steckt für mich die unglaubliche Gestaltungsmacht vieler Einzelner, die an das *Wir* denken und danach handeln. Je mehr wir uns dieser Gestaltungsmacht bewusst werden und danach handeln, desto mehr Möglichkeitsräume schließen wir auf. Von Hannah Arendt stammt ein Satz, dem ich mich uneingeschränkt anschließe: »Handeln ist stets ein Wir und nicht ein Ich.«

STEPHAN BREIDENBACH

Stephan Breidenbach lehrt an der Europa-Universität Viadrina Frankfurt (Oder) Bürgerliches Recht, Zivilprozessrecht und Internationales Wirtschaftsrecht. Er ist Mitgründer und Dean der Humboldt-Viadrina School of Governance und Mitberünder von betterplace.org. Stephan Breidenbach praktiziert als Wirtschaftsmediator und Schiedsrichter. Im »Dialog über Deutschlands Zukunft« der Bundeskanzlerin war er Koordinator des Themenstrangs »Wie wollen wir lernen« und leitete die Arbeitsgruppe »Lernende Gesellschaft«. Der Rechtswissenschaftler initiierte unter anderem gemeinsam mit Margret Rasfeld und Gerald Hüther »Schule im Aufbruch«, eine zivilgesellschaftliche Initiative, die sich für eine neue Lernkultur und für Potenzialentfaltung in den Schulen einsetzt.

DIGITALE
NDIGKEITEN

ERREGENDE STRÖME
DIGKEITEN
H-MASCHINEN?
UNG
TENPROFITEURE
NG NETZPOLITIKER
OCIAL CLOUDS
GKEITEN
NEUE KANÄLE
NG
ERREGENDE STRÖME
DIGKEITEN
NSCH-MASCHINEN?
EUNIGUNG
NÄLE
ITER ZUGANG
TENPROFITEURE
NG NETZPOLITIKER
SOCIAL CLOUDS
GKEITEN
NEUE KANÄLE
NG
ERREGENDE STRÖME
NDIGKEITEN
ENSCH-MASCHINEN?
GUNG
E STRÖME
EITEN

VERNETZTE WELTEN

Von Datenströmen und Identitätsverlust

Constanze Kurz

DIE DATENFRESSER KOMMEN

Die digitale Welt ist geprägt von Datenprofiteuren und -sammlern. Im Interview spricht die Informatikerin Constanze Kurz, ehrenamtliche Sprecherin des Chaos Computer Clubs, über Überwachungstechniken, die Normierung von Meinungen im Zeitalter von Google und Facebook und über neue Wegen zu digitaler Mündigkeit.

Reagieren nicht viele auf neue Medien, indem sie sich zuerst gegen sie wehren? Wenn man später ein Handy dann doch benutzt, tut man hingegen so, als ob sich nicht allzu viel verändert hat.

Der kanadische Medienphilosoph Marshall McLuhan beschrieb das Phänomen folgendermaßen: Man bekommt die wirkliche Veränderung, die ein neues elektronisches Medium im eigenen Leben bewirkt, kaum mit, weil das neue Medium subtil wie eine Erweiterung des eigenen Nervensystems funktioniert. Das heißt, Ihr neues Smartphone passt sich als elektronisches Medium so gut an die Funktionsweise Ihrer Sinne an, dass Sie kaum noch bemerken, wie sich Ihr Verhalten durch die Mediennutzung subtil verändert. Das merkt man eher indirekt und viel später, zum Beispiel daran, wie schnell man innerhalb weniger Monate vergisst, wie es eigentlich gewesen ist, bevor die spezifische technische Innovation Ihr Leben veränderte. Beispiele: Wie hat man sich früher eigentlich ohne Smartphone, SMS und Internet verabredet? Und wie war das, als es noch Zeiträume gegeben hat, in denen man sich noch über Stunden seiner eigenen Langeweile stellen musste, weil man sich noch nicht sofort ablenken konnte?

Sie meinen, wir werden Schritt für Schritt von einer Technosphäre überzogen, die sich sozusagen perfekt an uns anpasst?

Wie die eigene Haut. Ja.

Welche Lehre ziehen Sie in dieser Lage aus den Büchern Ihres Lieblingsschriftstellers Isaac Asimov?

Man kann von Asimov immer etwas lernen, zum Beispiel, dass Technikdeterminismus zu nichts führt, sondern dass wir die Technik, die wir haben und die uns umgibt, nach unseren Werten formen müssen. Aber man sieht in vielen Bereichen, dass das immer schwieriger wird. Viele Schwankungen an den Börsen, die konkrete Auswirkungen auf das Leben von Millionen von Menschen haben, werden algorithmisch getriggert, also maschinell. Das heißt, durch nichts anderes als durch mathematische Formeln wird automatisiertes Börsenverhalten losgelöst, das wiederum Reaktionen von Menschen auslöst, die wiederum Verhalten von IT-Systemen auslösen und so weiter. Wir werden viele weitere Beispiele erleben, wie unser Verhalten noch weit mehr durch IT determiniert werden wird, Szenarien, die wir uns im Moment gar nicht vorstellen können.

Früher oder später werden wir uns damit auseinandersetzen müssen.

Wenn wir die Frage, wie wir mit Technik umgehen wollen, in der Zivilgesellschaft nicht mehr besprechen, wenn wir da nicht mitbestimmen, dann machen es die großen Player der Branche wie Google oder Facebook unter sich aus. Hinterher tun sie dann so, als ob das alles von vornherein determiniert wäre, als ob sie gar nicht anders könnten, als so zu programmieren, wie sie es tun. Dann läuft das nur noch nach ökonomischen Grundsätzen der globalen Datenprofiteure ab. Vor allem die Gier nach den persönlichen Daten der User, die von diesen Datenprofiteuren an die Konsumindustrie verkauft werden, wird zum Maßstab für Innovationen. Google zum Beispiel hat vor einer Weile seinen Algorithmus subtil verändert und individualisiert. Das heißt, wenn ich einen Begriff auf meinem Computer eingebe und Sie auf Ihrem Computer den gleichen Begriff, entstehen auf zwei Rechnern zwei unterschiedliche Hitlisten. Wir bekommen solche gezielten Manipulationen teilweise nicht mehr mit und es wird auch kaum noch öffentlich besprochen.

Dahinter steht die Frage: Was können wir überhaupt noch wissen?

Im digitalen Alltag sind die meisten Menschen nicht mehr in der Lage, das Netz anders zu durchsuchen als mithilfe von Google. Der neue Google-Algorithmus erfasst aber mehr und mehr Ihre technisch bereits herausgefundenen Vorlieben und fügt die wiederum in Ihre Suchergebnisse ein. Es kommt zu einer Rückkoppelung. Der neue Google-Algorithmus führt also dazu, dass Sie durch Ihre eigenen Vorlieben Stück für Stück von dem Überraschenden der Welt getrennt werden, Google dafür Ihre Vorlieben immer besser herausdestillieren kann.

Und wenn die Firma den Suchalgorithmus morgen wieder ändert, sind wir dem wieder genau so ausgeliefert, wie sie es möchte und plant.

Es entstehen schwierigere Verhältnisse zwischen uns und den Akteuren, die hinter der jeweiligen Technik stehen, weil wir diese grundlegenden Probleme in der Gesellschaft so wenig besprechen. Es gibt kein Gegengewicht. Europäische Bemühungen, eine eigene Suchmaschine mit eigenen Algorithmen zu bauen, sind letztlich gescheitert. Viele andere Datenprofiteure, etwa Facebook und Amazon, sammeln ebenfalls automatisch, was Sie persönlich gerne konsumieren, zum Beispiel CDs oder Bücher, und konstruieren daraus für Sie neue Vorschläge. Dabei möchte jeder Datenprofiteur, dass Sie in der Blase »Ihrer« Interessen und Sichtweisen gefangen bleiben, weil Sie als Konsument definierbarer und damit für den jeweiligen Datenprofiteur wertvoller werden. Das ist die Logik des digitalen Business. Und die Blase, die Sie in Ihrem »spezifischen« Suchverhalten halten soll, wird potenziell noch kleiner, wo die Algorithmen genauer werden.

Noch kann man Google ohne individualisierte Suche benutzen, wenn man die Einstellungen dementsprechend ändert. Und noch kann man seine Einstellungen bei Facebook ändern.

Aber man muss diese Fähigkeiten überhaupt erst mal aktiv benutzen, statt einem unreflektierten Technikdeterminismus anheimzufallen. Das gilt auch für die Gesellschaft als Ganzes. Technik ist kein Schicksal. Wir müssten aber viel aktiver werden.

Es gibt auch positive Trends. Im Netz entsteht zurzeit eine neue politische Öffentlichkeit.

Vor allem etablierte Verlage und deren Journalisten reagieren nervös darauf, dass die Themen, die von Netz-Communitys gesetzt werden, tatsächlich Gehör finden, dass hier im Netz eine neue Öffentlichkeit entsteht, sich eine neue zivilgesellschaftliche Einflusssphäre manifestiert. **Dabei sind viele aktuelle netzpolitische Debatten Wertedebatten, die wir in der westlichen Welt teilweise stellvertretend für andere Gesellschaften führen, die nicht das Glück haben, aufgeklärt und demokratisch zu sein.** Nehmen Sie den Fall Guttenberg.

Durch das kollaborative Arbeiten auf der Plattform GuttenPlag hatte die Affäre erst ihren Lauf genommen, die zum Rücktritt führen musste. Die erfolgreichen Petitionen in Deutschland gegen Wahlcomputer, neue Formen von Kampagnen und Diskussionen, die die politische Blogosphäre, zum Beispiel auf netzpolitik.org, anstoßen, auch das Ausgraben und Anbieten von wichtigen Informationen aus der Sphäre des politisch Geheimen wären weitere Beispiele, die wichtige Diskussionen anregen.

Wo sehen Sie Grenzen für diese neue bürgerliche Bewegung?

Beim Trend zur Idealisierung der direkten Demokratie und bei der Open-Data-Bewegung sollte man darauf achten, wie man es umsetzt, wie Demokratie repräsentativ werden kann, ohne zur Pöbeldemokratie zu verkommen. Wir wissen, dass repräsentative Demokratie große Vorteile hat auch aufgrund der gewissen Langsamkeit der Entscheidungen – was ändert sich da nun durch den Klick am Computer? Auch hier stellt sich die für mich sehr wichtige Frage: Was wollen wir technisch umsetzen und gegen welche technische Erneuerung sollten wir uns bewusst entscheiden? Diese Fragestellung wird unsere Gesellschaft für sehr lange Zeit begleiten. Sie wird aber oft hinter Interessen verschleiert.

Wie verändert die Netzkultur die Art und Weise, wie Zivilgesellschaft »funktioniert«?

Es entstehen neue zivilgesellschaftliche Spieler, die sich als Plattformen oder Organisationen den vielfältigen Rollen und Aufgaben innerhalb unserer Gesellschaft stellen werden. Wo Bürgerliche verschiedener Lager flexibel zusammenkommen, um neue Ideen und Projekte umzusetzen, kann das Bürgertum altes Lagerdenken verlassen. Solche neuen geistigen Räume für politisch bewusstes, aber unideologisches Handeln entstehen in Stiftungen und NGOs, in Organisationen, die als Impulsgeber und als gesellschaftlicher *watchdog* zugleich agieren. Letztendlich geht es um die Frage, wie die aktive Zivilgesellschaft in der gesellschaftlichen Willensbildung eine stärkere Rolle spielen könnte.

DU KANNST MEHR
ALS DU DENKST.

Als Sprecherin des Chaos Computer Clubs kritisieren Sie zum Beispiel die Forderungen staatlicher Instanzen nach neuen Überwachungstechnologien.

Das beste Beispiel ist die Vorratsdatenspeicherung. Käme jemand auf die Idee, alle Wohnungen einer Stadt komplett zu durchsuchen, etwa weil man eine Bande Drogendealer fassen möchte, würde man das für absurd und unverhältnismäßig halten. Wenn man aber das gesamte Kommunikationsverhalten der Bevölkerung insgesamt speichern könnte, ohne Anlass im individuellen Einzelfall, ist das manchen Politikern die Debatte wert. Da verschieben sich Maßstäbe, weil neue Technologien neue Dinge möglich machen. Dabei halten neue Technologien auch als Kompensation für strukturelle Mängel her, in einigen Bundesländern beispielsweise bleibt die Polizei vielerorts unterausgestattet. Jetzt glauben Politiker, man könnte das kompensieren, indem man riesige Datenberge aufhäuft, die sich irgendwie später auswerten lassen. Zudem entsteht in überwachungsintensiven Bereichen ein immenser Marktdruck, weil viele Firmen ein Interesse daran haben, dass Regierungen diese neuen Techniken kaufen und verwenden. Das sieht man im Bereich der Biometrie. Die biometrische Vermessung der Körper wird als Sicherheitstechnologie verkauft, bleibt aber für das, was sie leisten soll, technisch kaum geeignet. Da wird »Sicherheit« als neue Wachstumsbranche künstlich hergestellt und gepusht.

Gleichzeitig exportieren deutsche Firmen Überwachungstechnologien in Länder, die nicht demokratisch verfasst sind.

Viele Diktaturen können aufgrund von Techniken, die deutsche Firmen liefern, Menschen in Folterkeller stecken – nennen wir es doch so, wie es ist. Die Bundesregierung sieht aber keinen Handlungsbedarf in Bezug auf die Exportkontrollen solcher Repressionstechnologien. Die Waffenähnlichkeit mancher neuer Technologien sieht die Regierung überhaupt noch nicht.

Die Vorratsdatenspeicherung scheint zumindest in Deutschland abgewendet zu sein.

Dafür brauchte es aber einer breiten zivilen Gegenbewegung. Viele Tausende haben sich an der Verfassungsbeschwerde beteiligt und eine Debatte herbeigeführt, die die Befürworter zwang, vorab sachlich zu begründen, welchen Nutzen die Einschränkung von Freiheit bringen soll. Eines sollte klar sein: Wo man Kommunikationsdaten aufzeichnet, handelt es sich schon um eine exzessive Freiheitseinschränkung, weil man allein durch das Wissen, dass etwas aufgezeichnet wird, das Verhalten der Bevölkerung präventiv verändert. Es kommt zu einem subtilen Druck Richtung Normierung. So führt die Tatsache, dass heute – als wäre das normal – jede Demonstration gefilmt wird, mit dazu, dass man nicht mehr demonstrieren geht. Die gleiche Debatte werden wir bald wegen niedrig fliegender halbautonomer Drohnen führen, wenn es Polizeialltag sein wird, dass man die Bevölkerung permanent von oben filmen kann.

Und immer noch stellt sich bei jedem Vorfall, der irgendwie mit Internet- oder Telekommunikation zu tun hat, selbst bei dem massenhaften jahrelangen Versagen in Bezug auf die rechtsextremen Morde der Zwickauer Zelle, irgendein Politiker hin und fordert die Vorratsdatenspeicherung. Dabei hatten wir viele Monate lang die Vorratsdatenspeicherung in mehreren Bundesländern und peinlicherweise geben die Zahlen keine Verbesserung der Statistiken her. Man spielt mit Ängsten und baut eine Sicherheitslücke auf, die immer wieder aufs Neue festgestellt wird. Das sind alte Rituale.

Wie kann man denn persönlich überhaupt Datensicherheit erreichen? Welche Medien und Dienstleistungen können sicher genutzt werden?

Unter IT-Experten gilt Onlinebanking als überhaupt nicht sicher. Auch die Frage, wo man sich überhaupt noch einloggen kann, ohne dass das Passwort mitgelesen wird, bleibt ungelöst. So müsste man bei Internettelefonie verschlüsselte Kanäle nutzen, zum Beispiel die sogenannte Ende-zu-Ende-Verschlüsselung, um sicher zu sein, nicht abgehört zu werden. Solche Aussagen sind bei Weitem nicht paranoid, sondern der nüchterne Erkenntnisstand aus Expertensicht. Den enormen persönlichen Wert technisch hergestellter Privatsphäre erkennen im Moment sowieso immer mehr in der Gesellschaft an. Ich könnte mich zum Beispiel keinem Anwalt mehr anvertrauen, der seine Schriftstücke nicht verschlüsselt per E-Mail abschickt oder rechtlich geschützte digitale Papiere ohne Verschlüsselung durchs Netz schickt. Auch ernst zu nehmende Journalisten beherrschen die E-Mail-Verschlüsselung. Auf der anderen Seite gibt es die, die ihre E-Mails immer noch über Gmail abwickeln – also von vornherein ihre E-Mails von Google scannen lassen. Da merkt man, wie sehr das in Sachen Kompetenz auseinanderfällt. Dabei kann man für E-Mail- oder Chatverschlüsselung leicht an die notwendigen Technologien herankommen. Für Firmen – auch aus dem Mittelstand – und für Freiberufler sollte dieser Standard selbstverständlich werden.

CONSTANZE KURZ

Als eine von wenigen Frauen hat sich Constanze Kurz in der IT-Szene einen Namen gemacht. Die Zeitschrift »Computerwoche« wählte die gebürtige Berlinerin 2011 auf Platz 38 der 100 bedeutendsten Persönlichkeiten in der deutschen IT. Zurzeit arbeitet die Informatikerin als Projektleiterin an der Hochschule für Technik und Wirtschaft in Berlin. Als Mitglied und Sprecherin des Chaos Computer Clubs setzt sie sich für Datensicherheit und mehr digitale Bürgerrechte ein. Seit 2010 berät sie außerdem die Enquete-Kommission Internet und digitale Gesellschaft des Deutschen Bundestages als Sachverständige. 2011 veröffentlichte sie zusammen mit Frank Krieger das viel beachtete Sachbuch »Die Datenfresser«.

Peter Kruse

DIE MACHT WECHSELT VOM ANBIETER AUF DIE NACHFRAGER

Resonanz und Unsicherheit:
Der Organisationspsychologe Peter Kruse
im Gespräch über das Versagen klassischer Steuerungsmechanismen,
die unheimliche Macht der neuen Kommunikationssysteme
und darüber, was das für die Hochschulen bedeutet.

Gesellschaftliche Herausforderungen werden in ihren Auswirkungen immer komplexer und zugleich globaler. Der Arabische Frühling hat sich über Twitter und Facebook mobilisiert. Wikileaks erschütterte mit neuen Enthüllungen die internationale Politik. In Deutschland hat die neue Piratenpartei bei den Senatswahlen in Berlin aus dem Stand heraus neun Prozent erreicht. Was verändert sich da eigentlich?

Wir erleben eine grundlegende Änderung der weltweiten Kommunikationssysteme. Während der Neunzigerjahre haben wir vor allem die Vernetzungsdichte in der Welt erhöht, uns daran berauscht, Zugang zu immer mehr Informationen und Kontakt zu immer mehr Menschen zu erhalten. Dem folgte eine sprunghafte Zunahme der Bereitschaft, sich persönlich mit vielfältigen Beiträgen im Netz einzubringen. Aus dem anfänglichen Zugangsboom wurde ein Beteiligungsboom. Mit den sozialen Netzwerken des Webs 2.0 hat die Spontanaktivität im Internet dramatisch zugenommen. Milliarden User wollen eigene Spuren im Netz hinterlassen, selbst etwas bewegen. Im Internet bildet sich ein Interaktionsraum, in dem sich Massenbewegungen aus dem Stand heraus entwickeln und zusammenschließen können. Gruppierungen und Szenen werden dichter miteinander verkoppelt. Neue Koalitionen werden sichtbar, Bewegungen wie die Globalisierungskritiker konnten sich unter dem Schlagwort »Occupy Wall Street« wie ein Steppenbrand in wenigen Tagen über die ganze Welt verteilen.

Es entstehen Rückkoppelungseffekte, die ganze Gesellschaften verändern.

Wir haben systemische Voraussetzungen für sich selbst verstärkende Dynamiken geschaffen: hohe Vernetzungsdichte, viele spontan aktive Netzwerkknoten und jede Menge positive Rückkoppelungseffekte. Die Schwelle für das Entstehen von Hypes ist kritisch abgesenkt. Die Retweet-Funktion bei Twitter, der »I like it«-Button von Facebook und der »+1«-Button von Google machen es leicht, Informationen immer wieder ins System zurückzuspeisen. Dem sozialen Gehirn Internet steht so ein funktionierendes Kurzzeitgedächtnis in Form von kreisenden Erregungen zur Verfügung – eine wichtige Voraussetzung für selbst organisiertes Verhalten im Netz. In der Konsequenz nehmnen die Lust an der aktiven Gestaltung von Meinung und der Drang zur praktischen Umsetzung auch von politischen Zielen zu. Jenseits von Partei und Lobbyismus bilden sich Interessengemeinschaften, die in beeindruckend kurzer Zeit in der Lage sind, demokratisch relevante Mehrheiten zu akquirieren. Die ausgelösten Effekte sind kaum vorhersehbar und in ihrer Dimension für bestehende Machtstrukturen irritierend. **Wir erleben eine Repolitisierung der Bürger.**

Sie sagen, die Steuerbarkeit von gesellschaftlichen Prozessen gehe zurück. Wie könnten Politiker, Unternehmer oder Hochschulmanager darauf reagieren?

Der Echtzeitdatenstrom des Internets ist eine Erkenntnisquelle, deren eigentlicher Wert gerade erst entdeckt wird. Große Datensammler wie Google und Facebook wissen genau, welcher Mehrwert über die systematische Analyse von Internetaktivitäten entsteht. Besonders in der Politik scheint den Entscheidern die Tragweite des bereits erreichten Vorsprungs dieser Firmen noch nicht bewusst zu sein. Bemerkt wird nur, dass es angesichts der explodierenden Komplexität immer schwieriger wird, wichtige Themen wie Gesundheit, Arbeit, Bildung von oben herab zu entscheiden – oder wie Heiner Geißler es als Schlichter bei Stuttgart 21 formulierte: »Die Zeit der Basta-Politik ist vorbei.« Ich befürchte, Institutionen, die sich den Diskursen und Wertemustern der direkt Betroffenen nicht öffnen, werden mit traditionell geplanten und vermittelten Reformvorhaben zunehmend Schiffbruch erleiden. Das heißt, Parteien, Unternehmen oder Bildungsinstitutionen können Einfluss nur noch dort ausüben, wo es ihnen gelingt, resonanzfähige Themen zu moderieren. **Die komplexe Dynamik der neuen Netzwerke im Internet kann man nicht beherrschen, man kann nur selbst ein Teil davon werden. Wer nicht »mitschwingt«, wird abgehängt. Die Macht wechselt vom Anbieter auf den Nachfrager. Das ist radikal.**

Woran machen Sie diesen Wandel in der akademischen Welt fest?

Zum Beispiel als Hochschullehrender stehen Sie jetzt nicht nur im Vergleich mit den Kollegen vor Ort, sondern letztlich im Wettbewerb mit den besten Vortragenden der Welt. Internationale Plattformen wie TED.org legen die Latte hoch. Wer da noch glaubt, Lehre als Nebensache abhandeln zu können, hat den Kampf um die besten Studenten schnell verloren. Denn das Internet garantiert eines auf jeden Fall: maximale Vergleichbarkeit. Die Attraktivität von Lehre und Lehrenden wird die Universitäten in Zukunft mindestens so sehr beschäftigen wie ihre wissenschaftliche Reputation und ihre Attraktivität für Drittmittelgeber. Der *war for talents* hat in der Wirtschaft längst begonnen und die großen Unternehmen sind sich darüber im Klaren, dass die Generation, die mit dem Potenzial der sozialen Netzwerke groß geworden ist, sich sehr bewusst aussuchen wird, zu welchem Arbeitgeber sie geht. Für die Wahl der Universität dürfte das sogar noch stärker gelten.

Sie kritisieren Hochschulen als hierarchische Anstalten. Sind wir davon nicht schon entfernt?

In Führungskulturen von Unternehmen, Parteien und Hochschulen üben offene und verdeckte Belohnungssysteme ebenso wie implizite Regeln einen großen Einfluss aus. Und an den Universitäten ist die Druckverteilung in der Hierarchie extrem ungleich austariert. Der wissenschaftliche Nachwuchs – das heißt der gesamte Mittelbau – steht sowohl ökonomisch als auch inhaltlich extrem unter Druck. Ist das wirklich sinnvoll? Schon zu der Zeit, als ich selbst an der Universität intensiver in Forschung und Lehre eingebunden war, wurden viele Stellen im Mittelbau gestrichen – die finanzielle Unterausstattung entwickelte sich bedenklich. Unter Bedingungen von existenzieller Enge und persönlicher Abhängigkeit entsteht schnell ein Klima der Angepasstheit. Man versucht möglichst stromlinienförmig und in Bestzeit alle Qualifizierungsschritte zu absolvieren. Das begünstigt eine Führungskultur, in der die überfällige Ordinarienherrlichkeit weiterhin fröhliche Urstände feiern kann. Oben finden sich wohlsituierte Lehrstuhlinhaber, die weitgehend frei bestimmen können, was sie für richtig halten, darunter viele Mitarbeiter, die um zu knappe Mittel und um einen Grad der Anerkennung kämpfen, der es ihnen erlaubt, sich über Jahre Hoffnungen auf das eine erlösende Ziel zu machen: die Habilitation mit Lehrstuhlruf.

Also Durchlässigkeiten erhöhen und mehr Marktmechanismen in das Bildungssystem initiieren?

Die direkte Übertragung erfolgreicher Modelle und Konzepte aus der Wirtschaft erscheint leider kaum angemessen. Es besteht die Gefahr, dass versucht wird, in der Universität einzuführen, was bei Unternehmen schon wieder aus der Mode ist oder zumindest infrage gestellt wird. Viele Firmen bemühen sich heute, völlig neue Steuerungsgrößen und Leistungskriterien zu entwickeln, die der Komplexität der globalen Märkte und Netzwerke gerecht werden. Die Suche nach relevanten Messgrößen verlagert sich auf die Förderung von Kreativität und Innovation. Die Universitäten sollten vielleicht eine Phase überspringen und gemeinsam mit der Wirtschaft an der Entwicklung von Organisationsprinzipien arbeiten, die den Erfordernissen der Zukunft besser gerecht werden. In Zeiten eines dermaßen dynamischen Wandels genügt es nicht mehr, wenn Unternehmen wie Hochschulen sich an gängigen Best-Practice-Beispielen orientieren oder auf bewährte Patentrezepte vertrauen.

Jetzt etabliert sich aber gerade der neue Berufszweig des Hochschulmanagers.

Natürlich ist der Wunsch der Hochschulen nach kompetenter Unterstützung nachvollziehbar. Und wenn es darum geht, die Institution Universität zu irritieren und wachzurütteln, kann es durchaus hilfreich sein, auch den Werkzeugkoffer der klassischen Managementlehre zur Anwendung zu bringen. Aber eine Universität ist weder eine Lernfabrik noch die Entwicklungsabteilung eines Konzerns. Studierende sind keine Kunden und Professoren kann man sicher nicht über Zielvereinbarung und Controlling zu einer effizient funktionierenden Handlungseinheit integrieren. Den Versuch, renditeorientierte Prinzipien von Prozessorientierung und Kostenreduktion in die Wissenschaft zu übertragen, halte ich für naiv. Eigentlich gehören die Universitäten an die Spitze einer Bewegung, die neue Organisationsformen und Kulturmuster sucht, die die Leistungsfähigkeit von Hierarchien mit der Offenheit und Kreativität von Netzwerken verbinden.

Arbeitswelten und Berufskarrieren verändern sich rapide. Wird auch dieser Trend die Hochschulen stärker beeinflussen?

Ich gehe davon aus, dass bislang gültige Vorstellungen der Gestaltung beruflicher Karrieren zu Auslaufmodellen werden. Man wird häufiger und selbstverständlicher den Weg der gebrochenen Karriere gehen. Intensive, durchaus riskante Suchbewegungen werden häufiger. Attraktivität und Marktwert derart gebrochener Profile nehmen in der Wirtschaft zu und auch die Wechselbereitschaft der High Potentials steigt. Die Bindung an den einen Arbeitgeber nimmt ab. Die Identität der eigenen Profession wird bedeutsamer als die Zugehörigkeit zum Image und zur Sozialisation eines Unternehmens. Manchmal hat man den Eindruck, dass geradezu eine Renaissance der Zünfte bevorsteht.

Daran könnten auch Hochschulen partizipieren.

Wenn sie den Trend nicht verschlafen und sie es schaffen, sich mehr für kreative Grenzgänger zu öffnen, ergeben sich interessante Chancen. Die Menge junger Menschen, die schon aufgrund ihres Alters experimentierfreudig das Neue suchen, geht dramatisch schnell zurück. Eine Gesellschaft, die von ihrer Innovationskraft lebt, muss daher verstärkt auf »kreative Grenzgänger« setzen, die sich losgelöst von ihrem Lebensalter trauen, durch ihr Denken und Handeln zu stören, die bereit sind, Veränderungen loszutreten. Diese Grenzgänger haben es gelernt, Unsicherheiten und Instabilitäten zu ertragen und sich aktiv in Netzwerken zu organisieren. Es ist an der Zeit, darüber nachzudenken, Auswahlkriterien und Angebote so anzupassen, dass mehr Vielfalt zugelassen werden kann.

Blicken wir auf die Wirtschaft. Wie sollten Entscheider in Unternehmen auf die Entwicklungen reagieren?

Die unternehmerische Perspektive rückt in den Vordergrund. Es geht nicht mehr nur darum, gut oder besser zu managen, sondern Energie und Ressourcen in Projekte zu investieren, deren Erfolg nicht sicher ist. Das wird öfters notwendig, weil sich die Frage nach der Lebensfähigkeit eines Geschäftsmodells weit häufiger stellt. In den vergangenen Jahren wurde viel dafür getan, Prozesse zu optimieren und Strukturen schlanker zu machen. Jetzt geht es eher darum, mit vollem Bewusstsein auch Wagnisse einzugehen. Der Manager versucht ja, ihm anvertrautes Kapital zufriedenzustellen und einen sicheren *return on invest* zu garantieren. Unternehmer hingegen investieren Energie in Prozesse, deren Erfolg sie noch nicht kennen. Der klassische Manager bevorzugt eher Planbarkeit. Er steuert und regelt im Spannungsfeld von Soll und Ist. Einen Unternehmer reizt die Unkalkulierbarkeit von Aktivitäten, deren Mehrwertpotenzial noch nicht vollständig erkannt ist.

Die zahlreichen Veränderungen zwingen jetzt auch viele Manager, eher wie Unternehmer zu denken. Sie müssen sich im beruflichen Alltag permanent klarmachen, dass sich ihre Welt gerade schon wieder ändert. Um das aushalten zu können, müssen sie lernen, Unsicherheiten zu ertragen. Angesichts der komplexen Dynamik der globalen Märkte und der durch Netzwerke forcierten Machtverschiebung vom Anbieter zum Nachfrager wird es immer schwerer, professionell zu managen, und immer notwendiger, unternehmerisches Denken und Handeln bei einem selbst und bei anderen zu fördern.

Was geschieht mit der beliebten Wunschvorstellung, Märkte und Marken strategisch im Griff zu haben?

Netzwerke erzwingen permanent Authentizität und Transparenz. In Netzwerken ist man nur so mächtig, wie es gelingt, Resonanz zu erzeugen, also bei anderen Aktivität auszulösen. Erst die aktive Referenz durch die Nachfrager macht Anbieter heute zu wirkungsvollen Netzwerkknoten. Verblasst die Resonanz, schwindet Bedeutung genauso schnell, wie sie gewachsen ist. Nichts ist in Netzwerken so unwichtig wie der Hype von gestern. Man sucht aber immer noch in Firmen nach klassischen Mitteln zur Steuerung des Unsteuerbaren. Dann holt man sich eine Beratungsfirma ins Haus oder sucht nach der richtigen Web-2.0-Strategie und hofft dabei eigentlich, endlich wieder zur Tagesordnung zurückkehren zu können. So wird es aber nicht mehr gehen.

Man muss sich ständig von den Kunden kritisieren lassen.

Wo es nicht zum Umdenken, zur permanenten Öffnung des Unternehmens in die Netzwerke »da draußen« kommt, droht der Shitstorm, der schon PR-Abteilungen von Weltkonzernen wie Nestlé oder Shell in die Knie zwang. Da kriegt man Prügel ohne Ende, bevor in der Firma die Führung merkt: »Wir müssten mehr mit Kunden und mit Mitarbeitern kommunizieren. Auch unsere Mitarbeiter sollten mehr mit den Kunden kommunizieren und eigentlich sollte unsere Firma als Ganzes funktionieren wie ein gleichberechtigtes Gespräch. In Wirklichkeit gibt es kein Innen und Außen mehr.«

Erfolg wird an die Bereitschaft der Anbieter gebunden, gleichberechtigt mit Nachfragern zu reden, herauszufinden, was sie bewegt: Wird der Kunde jetzt wirklich König?

Man muss frühzeitig erfassen und verstehen, wie bestimmte Entwicklungen Wertemuster verändern. Das wird zur Kernaufgabe von Führung. Nur die fundierte Kenntnis darüber, welche Themen die Menschen gerade bewegen, verhindert, dass man von neuen Entwicklungen überrascht oder sogar überrollt wird. Die Notwendigkeit, genau hinzusehen und zuzuhören, erfor-

dert aber aufseiten von Entscheidungsträgern mehr Bescheidenheit und die Abkehr vom Machbarkeitswahn. Noch vor kurzer Zeit entschieden massenmediale Präsenz und Aufmerksamkeit durch gut gemachte Botschaften über Marktposition und Umsatz. Werbedruck und Werbewirkung standen im klaren Ursache-Wirkungs-Zusammenhang. Die Größenordnung investierter Marketingbudgets war entscheidend für das Ergebnis. Man konnte sich mit relativer Sicherheit Märkte kaufen. Mit der durch das Internet initiierten Machtverlagerung vom Anbieter zum Nachfrager ändert sich das. Die Aufschaukelungsmechanismen in Netzwerken sorgen dafür, dass kleine Ursachen große Wirkungen haben können. Glaubwürdigkeit und das Gespür für Trends werden wichtiger. Da ist die Enttäuschung groß, wenn irgendein schlecht gemachtes Amateurvideo millionenfach angeklickt wird, während die Netzgemeinde eine sorgsam erdachte Kampagne einfach ignoriert. Ob Werber, Unternehmenslenker oder Politiker, wer den Draht zu den sich ändernden Wertemustern der Gesellschaft verliert, tappt im Dunkeln.

Sie sagen: Die klassische Steuerbarkeit von Systemen endet. Aber Methoden wie Changemanagement lassen komplexen Wandel steuerbar erscheinen. Ist das eine Machbarkeitsillusion?

Komplexität können Sie nicht steuern. Komplexität bedeutet, dass die Verbindungen eine Dichte erreicht haben, die Sie mit klassischer Ursache-Wirkungs-Wahrnehmung nicht mehr klarkommen lässt. Aber komplex bedeutet nicht unbedingt kompliziert. In einem komplizierten System sind die einzelnen Elemente nicht in der Lage, miteinander Musterbildungen einzugehen. In einem komplexen System bilden sich durch die Interaktion von vielen Elementen Muster, eine höhere Ordnung. Ihr Körper und Ihr Gehirn sind komplex. Aber das Gehirn erlaubt uns das Überleben in einer komplexen Umwelt, weil es über die eigene komplexe Selbstorganisation einfachere Muster hervorbringt, die uns – in Form von Wahrnehmung, von Gefühlen, von Gedanken – helfen, Komplexität zu reduzieren. Ein lebensfähiges System sieht also komplex aus, gehorcht aber tiefer liegenden Organisationsprinzipien, die stabile Ordnungszustände und Muster bilden.

Wenn die explodierende Komplexität der Welt es für Entscheider notwendig macht, ihre Fähigkeit zur Mustererkennung zu schulen – wie macht man das dann konkret?

Zu genau hinzusehen, zu viele Einzelfakten berücksichtigen zu wollen, birgt die Gefahr, sich in Kleinteiligkeit zu verlieren, verführt zum wenig sinnvollen Herauslösen einzelner Aspekte. Blicke ich auf ein Bild, das aus Tausenden von Farbpunkten oder Pixeln besteht, verliere ich mich entweder in der Vielfalt der Details oder ich bin in der Lage, zu sehen, dass die Tausenden Einzelbilder zum Beispiel eine Landschaft darstellen. Wenn Sie sich nur damit beschäftigen, ein Muster in seine Einzelteile zu zerlegen, wenn es Ihnen nicht gelingt, Zusammenhänge zu erkennen, machen Sie aus einem komplexen System ein kompliziertes. Dann mündet die anschwellende Informationsfülle schnell in Überforderung. Die Folge ist ein Teufelskreis aus Entfremdung und Trivialisierung. Im Bereich der Politik ist dieser Prozess bereits gefährlich weit fortgeschritten. Die Mechanismen der repräsentativen Demokratie sind gestört und das Bedürfnis nach direkter Bürgerbeteiligung steigt. Ob in Wirtschaft oder Politik, für Entscheider ist es höchst wichtig geworden, eine völlig neue Form der Wahrnehmung – auch von sich selbst – zu entwickeln. Wir müssen dringend die Fähigkeiten zum Erkennen von Zusammenhängen verbessern, immer wieder neu zu lernen und von vielem abzusehen, was wir bereits gelernt haben, sonst saufen wir ab.

Eine drastische Wortwahl.

Die Probleme, vor denen wir stehen, überschreiten immer offenkundiger etablierte Lösungswege. Alleine der globale Finanzmarkt, das Internet und der Klimawandel stehen für drei komplexe Dynamiken, die permanent beschleunigt komplexen Wandel erzeugen. Gleichzeitig greifen die neuen Netzwerktechnologien alte Wertemuster an. All das irritiert.

Müssten politische Parteien ihre Rolle ähnlich radikal neu definieren wie die Wirtschaft?

Für die Parteien ist der Veränderungsdruck vielleicht noch größer. Die Politik hat zu lange damit gewartet, klassische Strategien des Machterhalts zu hinterfragen. Für eine politische Klasse, die immer noch das Beste für die Menschen, aber nicht mit den Menschen erreichen will, ist Partizipation letztlich maximal eine Wohlfühlveranstaltung. Diejenigen, die ihre Macht daraus schöpfen, dass sie mit Vorabstimmungen, also bevor die offizielle Entscheidung getroffen wird, den Rahmen setzen, sind zutiefst irritiert, wenn dieser Machtmechanismus plötzlich unterlaufen wird. Da können Politiker jede Form von Bürgerbeteiligung natürlich nur als störend und kaum als sinnvoll begreifen. Aber in der Politik geht es primär darum, eine nachhaltige Balance zwischen widerstreitenden Interessen herzustellen. Wo Lobbyismus und der Wettbewerb der Parteien an ihre Grenzen stoßen, kann die kollektive Intelligenz der Netzwerke hilfreich sein. **Die klassischen Mechanismen der repräsentativen Politik sind zu langsam geworden und haben zu einer bedenklichen Distanz zwischen Politikern und Bürgern geführt. Die Menschen wollen sich empören, sich einmischen und mitregieren. Die Menschen sind also keineswegs politikverdrossen, sondern interessierter als je zuvor. Sie sind müde geworden am System – an der gängigen Definition von Macht.**

PETER KRUSE

Im Internet gilt der Netzwerkexperte Peter Kruse vielen als Vordenker. Als Wissenschaftler beschäftigte er sich mehr als 15 Jahre mit Organisationsprozessen im menschlichen Gehirn sowie Komplexitätsverarbeitung in intelligenten Netzwerken – und lieferte damit wichtige Grundlagen für das Verstehen von neuen Kommunikationsformen wie Social Media und Web 2.0. Heute ist Kruse Honorarprofessor für Allgemeine und Organisationspsychologie an der Universität Bremen. Daneben leitet er eine Unternehmensberatung, die sich auf die Förderung und Nutzung kollektiver Intelligenz zur Professionalisierung von Unternehmen spezialisiert hat.

Hartmut Rosa

VOM SURFEN UND DRIFTEN

Im Interview begibt sich Hartmut Rosa auf die Suche nach der verlorenen Zeit. Ein Gespräch über die Beschleunigungen und Entfesselung der Technik, nie endende Datenströme, ein neues Bürgertum und neue Identitäten.

Bis in die Siebzigerjahre galt Technik vielen als Erlösung und Heilsbringer. Heute laufen weltweit Menschen durch die Straßen, ohne aufzublicken, während sie auf LCD-Schirme starren und laut mit Abwesenden sprechen. Es scheint, als ob uns Smartphones, iPads und Laptops in uns selbst hineinsaugen, während wir nicht bemerken, wie sehr die Technik uns heute bestimmt.

Dabei wird fast jede neue Technik erst einmal mit Skepsis empfangen. Nehmen wir das Handy. Zuerst haben die Allermeisten gesagt »Ein Mobiltelefon will ich gar nicht.« Etwas später eignen wir uns neue Technologien dann mit der Vorstellung an, wir hätten jetzt eine zusätzliche Option – sodass es nur wie eine Erweiterung des Möglichkeitshorizontes aussieht. Dann verkündet man zum Beispiel: »Ich schaff es mir jetzt doch an und wenn ich es unbedingt brauche, kann ich es nutzen, muss ich aber nicht.« Das überwältigende Gefühl, dass wir durch die Nutzung dieser neuen Technologien entwickeln, ist aber dann, dass wir zirkulierende Ströme in Gang gesetzt haben: Daten-, Ideen-, Bilderströme, die irgendwie durch uns hindurchfließen und die wir nicht mehr beherrschen. Wir werden dort online angeschlossen, werden emotional, intellektuell und sozial einer Dynamik ausgesetzt und unterworfen, die wir nicht mehr kontrollieren und von der wir in der Reflexion nicht mehr sagen können, was die eigentlichen Auswirkungen auf unsere Identität und Subjektivität sind. Über kurz oder lang machen wir die Erfahrung, dass wir zum Beispiel die Sklaven des E-Mail-Kontos geworden sind. Dass wir die Entfesselung der Möglichkeiten überhaupt nicht beherrschen. Und das gilt für kleine Technologien ebenso wie für Großtechnologien.

Wenn ich einen Jugendlichen beobachte, wie er sich stundenlang in sein Computerspiel vertieft, wirkt es irgendwann, als ob Mensch und Computer zu einem geschlossenen Kreislauf verschmelzen, der durch die Körpergrenze gar nicht mehr unterbrochen wird. Wird man selbst an neue elektronische Medien angeschlossen, möchte man irgendwann wieder aufhören zu tippen und zu surfen – und macht doch weiter.

Natürlich gibt es Situationen, in denen muss ein Vater, der eigentlich gerade sein Kind im Park auf der Wippe schaukelt, mal schnell in seinem E-Mail-Account nachsehen, ob die ganz wichtige Mail vom Chef da ist. Aber ganz viele, ich würde sagen, fast alle, die wissen, dass sie sich damit nichts Gutes tun, spüren trotzdem eine unglaublich hohe Versuchung, da immer wieder reinzugehen, in diese Flussphänomene, um sich aus ihrer Realität »offline« herauszuschießen.

Man könnte ja im Netz was verpassen.

Die Versuchung, sich in diese Ströme immer wieder einzuklinken, in dieses weltweite vibrierende System von Informationen und Bildern, ist extrem groß. Vielleicht schaut der Vater, der eigentlich mit seinem Kind spielen möchte, ja auch nur nach den neuesten Bundesligaergebnissen oder wie das Wetter wird. Es ist also nicht nur der ökonomische Druck, der uns da reintreibt, sondern eine veränderte Logik sozialen Handelns, die im Moment noch niemand überblickt.

Ihre Vermutung ist, dass wir damit die Qualität sozialer Nahbeziehungen untergraben …

… aber auch die Art und Weise, wie wir in die Welt gestellt sind und mit ihr in Kontakt treten. **Der Verdacht ist, dass wir**

Welt und Erleben nicht mehr als Resonanzsphäre wahrnehmen, die uns antwortet und die in einen lebendigen Austausch mit uns tritt, sondern als ein Feld voller Instrumente, in dem man selektiv bestimmte Dinge benutzt und andere eben blockieren muss. Das hat Konsequenzen. Dann wird alles zum Mittel. Das heißt, alle Situationen, aber auch die Menschen um uns herum werden zu Mitteln, die immer effizienter ausgeschöpft werden müssten. Die Steigerung von Optionen und von Wettbewerbsfähigkeit ersetzt die auf ein Lebensziel gerichtete Lebensführung. Dann ist das gerade Erlebte immer schon wieder nicht mehr up to date und wir machen uns wieder auf, suchen einen neuen Reiz, der für einen kurzen Moment Identität und Sinn simuliert. Wenn man das zu Ende denkt, haben wir am Ende gar keine Chance mehr, »lebensgesättigt« zu sterben. Gleichzeitig habe ich jetzt schon keine richtigen Ziele mehr und deswegen auch keinen Rahmen, der Erlebnisse bewertet. Wir haben dann viele Erlebnisse, aber keine Erfahrungen mehr und mit Erfahrungen meine ich Erlebnisse, die, nach dem Geschehen, im Inneren etwas anstoßen, sich mit unserem Leben verbinden, uns berühren und verändern.

Dadurch verändert sich auch das Zeitgefühl.

Seltsam ist, dass wir bei all der Zeitnot, die sich gerade ausbreitet, denken, das Problem liege bei uns. Deswegen sollten wir nun zum Beispiel unser Zeitmanagement verbessern. Der Grund: Die Allermeisten haben die Wahrnehmung, dass Zeit da draußen einfach da ist. Wir denken, Zeit ist da, und wenn wir ein Zeitproblem haben, dann muss es folglich an uns selbst liegen. Deshalb sagen uns in Interviews Menschen auch immer wieder Sätze wie: »Eigentlich geht es mir gut, aber ich habe ein Problem mit der Zeit. Ich nehme mir zu viel vor.« Oder: »Im Moment ist es so wahnsinnig hektisch.« Das ist eine Lebensillusion. Mit Nietzsche könnte man sagen, eine notwendige Illusion. Menschen sagen also ununterbrochen: »Im Moment ist es so hektisch.« Dann entgegne ich immer: »Streichen Sie das ›im Moment‹, denn es wird nicht besser.« Aber wir haben immer noch die Hoffnung, das wieder in den Griff zu kriegen.

Diese endlose Beschleunigungs- und Steigerungslogik hat nicht nur mit den neuen Medien zu tun ...

... sie ist in der Struktur moderner Gesellschaften und in ihren kulturellen Programmen verankert. Deshalb kann man nicht einfach durch ein besseres Zeitmanagement oder durch mehr innere Gelassenheit die Probleme lösen. Vorschläge, mit denen ich ein wenig auf Kriegsfuß stehe, sind zum Beispiel: »Mach ein bisschen langsamer, entwickle Gelassenheit, setze die Prioritäten richtig.« Natürlich brauchen wir, was die Psychologen Coping-Strategien nennen. Das heißt, wir müssen Umgangsweisen lernen, auf Stress zu reagieren. Aber das Problem selbst werden wir damit nicht lösen. Ich glaube, wir sehen das auch in der Politik. Wir setzen seit dreihundert Jahren Ströme in Gang, wir verflüssigen Verhältnisse – jeder Manager kann davon ein Lied singen. Die Welt ist heute geprägt von globalen Strömen, die mit hohen Geschwindigkeiten, vor allem Kapital-, aber auch Ideenströme, kommunikative Ströme oder Menschen- und Warenströme über den Globus leiten. Die damit entfesselten Dynamiken und verknüpften Zeithorizonte kann man nicht mehr so leicht in den Griff einer politischen Steuerung zwingen. Deswegen glaube ich, hat man jetzt nur noch die Option, zu sagen, wenn wir an unserem alten Konzept von Politik, von Steuerung und von nationalstaatlicher Autonomie festhalten, dann muss man etwas gegen diese hohen Dynamiken tun. Wir können dann beispielsweise nicht immer weiter auf absolutes Wirtschaftswachstum setzen und die Qualität von Politik, die Qualität von Leistung, überhaupt von gesellschaftlichen Entwicklungen immer an Steigerungen messen.

Es ist verblüffend, wie sehr wir uns aber antrainiert haben, die Qualität jeglicher Arbeit in absoluten Steigerungsraten zu messen.

Nehmen Sie mein eigenes Feld als Wissenschaftler. Jede Universitätsleitung – und sie meint das nicht böse, das sind die Zahlen oder die Verfahren, die nun in der Welt sind – misst die Qualität ihrer eigenen Arbeit und der Arbeit der Beschäftigten an den gestiegenen Drittmitteln, an gestiegenen Studentenzahlen, an gestiegenen Promotions- und Publikationszahlen. Diese Steigerungs- oder mehr noch Eskalationslogik beherrscht unsere Gesellschaft insgesamt. Nehmen wir die Diskussion über die Regularien der Finanzmärkte. Hier wird einerseits immer versucht, die Dynamik der Ströme selbst nicht zu behindern, sie aber andererseits unter Kontrolle zu bringen. Ich glaube, beides zugleich wird uns nicht gelingen, so wichtig eine Regulierung hier auch wäre, um eine Synchronisation zwischen den Finanzmarktströmungen und ihren Transaktionen in Lichtgeschwindigkeit und der Realökonomie hinzubekommen. Deshalb ist die Situation schon beunruhigend.

Verändern alle diese Entwicklungen die Identität des Bürgertums?

Ich glaube, dass das alte Konzept von Bürgerlichkeit und bürgerlicher Subjektivität untergehen wird. Was nicht bedeutet, dass es nicht eine andere Deutung von Bürgertum geben kann, die Bestand haben wird. Ich verbinde mit der Idee von Bürgerlichkeit eine Vorstellung, bei der Menschen versucht haben, sich in der Welt zu positionieren, einen festen Standpunkt zu gewinnen. Im vorbürgerlichen Zeitalter oder in der ständischen Gesellschaft war der Platz eines Individuums im Wesentlichen festgelegt durch ständische Zuteilung. Ein Graf war ein Graf, ein Bauer ein Bauer, ein Handwerker ein Handwerker. Da gab es nicht viel zu wählen hinsichtlich der Frage »Wie stehe ich in der Welt und zur Welt?« Man musste sich nicht eine Religion wählen oder eine politische Haltung, weil die politischen und religiösen Bedingungen im Wesentlichen festgelegt waren. Das Bürgertum kennzeichnete dagegen die Idee und die Überzeugung, dass wir auf der Grundlage bestimmter Bildungs- und Entwicklungsprozesse die Aufgabe, aber auch das Vermögen haben, uns gleichsam eine »neue Heimat« in der Welt zu schaffen. Sie selber zu definieren, also einen Beruf zu finden, der unsere Identität prägt, eine Familie zu gründen – das sind die beiden wesentlichen, konstituierenden Aufgaben eines bürgerlichen Subjekts. Dazu kommt die Pflicht, einen politischen Standpunkt und eine Haltung in religiösen Fragen zu gewinnen.

»Finde einen Beruf«, »gründe eine Familie«, »positioniere dich in der (politischen) Welt« – gilt das heute noch?

Bürgertum bedeutete, dass jede Generation frei ist, sich zu positionieren, als liberal, konservativ oder sozialdemokratisch oder wie auch immer, und sich auch zur Sphäre der Religion zu positionieren. Ich glaube, dass dieses Konzept nun nicht mehr aufgeht. Menschen haben nicht mehr eine feste Position, die sie anstreben. Man muss in allen Feldern immer wieder aufs Neue herausfinden, wie man sich repositionieren kann. Der Beruf kennzeichnet mich nicht mehr für ein ganzes Leben oder trägt jedenfalls nicht fraglos über ein ganzes Leben hinweg. Familienstrukturen können zerfallen, entweder, weil sie mir nicht mehr passen oder weil sie denen, mit denen ich lebe, nicht mehr richtig erscheinen. Wohnorte können oder müssen aufgegeben werden, politische Orientierungen sowieso. Menschen sind heute nicht mehr einfach liberal, sie haben aber vielleicht das vorletzte Mal die Liberalen gewählt. Die Volatilitäten des eigenen Verhaltens nehmen zu, und das verändert die Art und Weise, wie man in die Welt gestellt ist.

Ich glaube, dass man in dieser Situation zum Surfer oder zum Drifter wird. Der Surfer ist derjenige, der bereit und in der Lage ist, zu springen, wenn eine neue Herausforderung kommt, sich eine neue Möglichkeit ergibt. Er ist bereit, den Wohnort zu wechseln, den Beruf oder die politische Orientierung. Er ist in der Lage, auf wechselnde Winde und wechselnde Strömungen so zu reagieren, dass er letzten Endes oben bleibt. Das kann man noch als Autonomierettung kennzeichnen, aber da fehlt die Idee einer Zielgerichtetheit des Lebens. Das Leben ist nicht mehr ein Projekt, das ein bestimmtes Ziel, eine Idee, einen Lebensplan verfolgt. Die Kunst der Lebensführung besteht vielmehr darin, immer oben zu bleiben. Die Zeichen der Zeit richtig zu lesen und zu erkennen. Der Drifter hat da nicht so viel Glück, er geht eher unter, er wird getrieben. Er wird von den Ereignissen überrascht und überwältigt und muss dann sehen, wo ihn Wind und Wellen hintragen.

Die persönlichen Herausforderungen heutzutage, die bewältigt werden wollen, um »mithalten« zu können, nehmen ja weiter zu. Ein Ergebnis sind die verschärften Debatten zu Bildung und den Schul- und Ausbildungsstandards.

Es sind unsere kollektiven Ansprüche, die explodieren. Die Vielzahl der Möglichkeiten führt dazu, dass ein Mensch im Laufe seines Lebens immer weniger die ihm gegebenen Möglichkeiten ausschöpfen kann. Zum Beispiel spüren wir, dass wir uns im Beruf oder in der Beziehung nie zufriedengeben sollten, da wir ja sonst einen Verlust oder Nachteil erleiden könnten. Dahinter steht die generalisierte Wettbewerbslogik, die uns gewissermaßen zu Lebenskraftunternehmern werden

lässt. Die persönlich noch mögliche Steigerungsrate bleibt dabei aber stets geringer als die Beschleunigungsrate im Kollektiv, das einem wieder neue Möglichkeiten spiegelt. Das führt dazu, dass das gerade Erlebte nie zum Maß der Dinge werden kann. Wenn man das zu Ende denkt, haben Individuen gar keine Chancen mehr, lebensgesättigt zu sterben.

Was wird aus dem über seine Verhältnisse aufgeklärten Bürger, dem einstigen Inbegriff von Souveränität? Wie kommen wir noch dazu, Souverän des eigenen Lebens zu werden, zu einem Weltbürger und Citoyen, der sein Leben genießen und gleichzeitig seine Verantwortung im Leben im besten Sinne erkennen und für sich annehmen kann?

Wie gesagt, der Anpassungsdruck an externe, scheinbar ganz verselbstständigte Realitäten steigt. Und schlimmstenfalls werden Bürger dann wieder zu nervösen Kleinbürgern, wie wir sie in den Zwanziger- und Dreißigerjahren in Deutschland schon einmal hatten. Das kommt natürlich auch auf die weitere Entwicklung der ökonomischen Verhältnisse an.

Sie schreiben von der notwendigen Identifizierung bürgerlichen Denkens mit dem Staat. Wie kann sich das Bürgertum in der politischen Sphäre überhaupt noch Handlungsmächtigkeit zurückerobern angesichts der Ströme und Flussphänomene, die sich als reelle Zwänge maskieren? Resultiert hieraus nicht eine Verpflichtung, selber mit dafür zu sorgen, dass der Staat richtig – also im besten Sinne möglichst vieler – handelt? Was ist mit der Maxime, dass gewissermaßen wir alle der Staat sind?

Das Bürgertum existiert in dem Sinne ja noch, dass die Schichten mit ökonomischem Kapital, aber auch mit kulturellem und sozialem Kapital gut ausgestattet sind. Wir verfügen also über ökonomische Ressourcen, aber auch über die entsprechenden Bildungsressourcen und die richtigen Kontakte und sind in der Lage, eher wie Surfer zu agieren. Solche Personen können jedenfalls ein Spiel spielen, bei dem sie nicht nur die Opfer von unberechenbaren Strömungen sind. Wogegen diejenigen, die schon von Anfang an benachteiligt sind – was manche jetzt als neues Prekariat beschreiben –, irgendwann zwangsläufig den Versuch aufgeben, noch auf dem Laufenden zu bleiben, im ewigen Hamsterrad mitzulaufen. Wenn Sie schon beim Start massive Nachteile haben, brauchen Sie gar nicht mehr loszulaufen. Es hat keinen Zweck – das fühlen Sie, denn Sie werden den

Rückstand zu denjenigen, die an der Spitze laufen, nie mehr aufholen. Dann empfinden Sie auch bald kein Selbstbewusstsein mehr, keine Souveränität. So empfindet jedenfalls ein größer werdender Teil unserer Gesellschaft.

Wenn also überhaupt jemand etwas tun kann, wenn es noch ein planvolles Einwirken geben soll in dieser neuen Welt und für unsere Gesellschaft, dann müsste es von denjenigen kommen, die in diesen drei Bereichen noch einigermaßen gut ausgestattet sind. Wer in seiner Ressourcenbasis ökonomisch, kulturell und sozial gut ausgestattet ist, hat also die Verantwortung und vielleicht als Einziger noch die Möglichkeit, planvoll auf Geschehnisse einzuwirken.

HARTMUT ROSA

Hartmut Rosa, Jahrgang 1965, lehrt seit seiner Habilitation 2004 an der Fakultät für Sozial- und Verhaltenswissenschaften der Friedrich-Schiller-Universität in Jena und seit 2002 als Gastprofessor an der New School for Social Research, New York. Rosa war Schüler von Herfried Münkler und Axel Honneth und studierte an den Universitäten Berlin, Freiburg und Harvard sowie an der London School of Economics.

TOO BIG
TO FAIL
WACHSTUM AUF PUMP?
TOXISCHE FINANZPAPIERE
PARADIGMENWECHSEL?
FIAT-MONEY
SOLIDARGEMEINSCHAFT
BEHAVOURAL ECONOMICS
TRENNBANKENSYSTEM
QUARTALSBERICHTE
INTERDISZIPLINÄR
MACHTSTRUKTUR
DEFICIT SPENDING

JENSEITS DER FINANZKRISE

Ökonomie neu denken

Justus Haucap

FREIHEIT UND VERANTWORTUNG

Die Finanzkrise hat auch Konsequenzen für Forschung und Lehre in den Wirtschaftswissenschaften. Ein Gespräch mit dem Düsseldorfer Ökonomieprofessor Justus Haucap über Wettbewerb, Monopole, die Freiheit des Marktes und die Aufgaben des Staates.

Die Vielzahl der in den vergangenen Jahrzehnten begangenen Fehler in der Finanz- und Wirtschaftspolitik verwirrt und irritiert. Sind wichtige Fragestellungen zu lange zu ideologisch betrachtet worden?

In der wirtschaftspolitischen Beratung hatte sich vor allem im Bereich der Finanzmarktökonomie ein gewisser Marktradikalismus ausgebreitet. Das Groteske ist jedoch, dass auch andersdenkende Ökonomen wie Joseph Stiglitz in den Neunzigerjahren lange Mitglied des amerikanischen Council of Economic Advisors unter Präsident Clinton waren. Stiglitz war danach Vizepräsident und Chefökonom der Weltbank und hat den Nobelpreis unter anderem gerade für seine Arbeiten über die Ineffizienz von Finanzmärkten bekommen. Selbst Reagan und seine Berater (zu denen übrigens auch Paul Krugman als Mitarbeiter gehörte) waren keine Neoliberalen in Reinform: Reagan hatte ja das bis dahin größte Haushaltsdefizit der USA zu verantworten und hat den Nachfolgeregierungen einen gigantischen Schuldenberg hinterlassen. Das ist sicher kein Neoliberalismus. Die hemmungslose Deregulierung der Finanzmärkte hat aus meiner Sicht mehr mit der Macht der Banken zu tun als mit dem Rat der ökonomischen Wissenschaft. Das soll aber kein Freibrief für die akademischen Ökonomen sein. **Wir haben es versäumt, die Gefahren völlig deregulierter Finanzmärkte wirklich zu erkennen und davor zu warnen.**

Stellten sich Ökonomen zu selten die Frage, wann Märkte gut funktionieren und wann es zu Marktversagen kommt?

Es ist nicht neu, dass der Markt nicht alles richten kann. Das bringt man den Studierenden schon im Grundstudium bei – etwa wenn Konsumenten, Verbraucher oder Investoren mit Informationsproblemen zu kämpfen haben. Oder wenn Akteure nicht beachten, welche Konsequenzen ihr Handeln für Unbeteiligte hat – siehe das Thema Umweltschutz. Aber: Nur weil der Markt nicht funktioniert, wie er sollte, heißt das nicht automatisch, dass es der Staat besser kann. Die sogenannte Institutionenökonomik versucht durch Vergleiche genau zu verstehen, welche Regeln man benötigt, damit ein Markt gut funktioniert. Man muss die Gefahr des Marktversagens mit der eines Staatsversagens abwägen, die perfekte Welt gibt es leider nicht. Wann genau wie viel Staat notwendig ist, hängt immer sehr vom einzelnen Markt ab. Finanzmärkte funktionieren anders als der Wohnungsmarkt, der anders funktioniert als der Gebrauchtwagenmarkt, und der ist wieder anders als der Arbeits- oder der Energiemarkt. »Denken heißt vergleichen«, hat Walther Rathenau gesagt, das gilt auch für die Ökonomie. Das Problem der akademischen Ökonomik ist aus meiner Sicht, dass diese Unterschiede nicht hinreichend gewürdigt wurden. Die Liberalisierung des Luftverkehrs und der Telekommunikation war gut, aber das kann man nicht einfach so auf Finanzmärkte übertragen.

Wann begreifen die Akteure, dass die scheinbare Wahl zwischen »klassischen« Positionen, wie sie mit Denkern wie John Maynard Keynes und Milton Friedman in Zusammenhang gebracht werden, alleine nicht mehr genügt? Wann werden wichtige Fragen in der Finanz-, Wirtschafts- und Steuerpolitik wieder pragmatischer, kontextbezogener betrachtet?

Es gibt zwei zusammenhängende Probleme in der wirtschaftspolitischen Beratung. Zum einen geben sich viele Ökonomen nicht genug Mühe, bestimmte Märkte wirklich zu verstehen und ihre Erkenntnisse dann einer breiteren Öffentlichkeit zu vermitteln. Zu viele Ökonomen bewegen sich zu sehr im akademischen Elfenbeinturm und gehen einem Glasperlenspiel nach. Zweitens gibt es aber auch ein Problem in der Politik, die nicht in bestimmten Machbarkeitsillusionen gestört werden will. Verkürzt kann man sagen, dass die Politik sich in jüngerer Zeit nicht besonders für die Ökonomik interessiert hat und die Ökonomik nicht besonders für die Politik. Aber auch wenn man die Ökonomie – so komplex, wie sie nun mal ist – völlig ignoriert, dann ist sie nicht einfach weg, sondern bricht irgendwann wieder hervor. Das sehen wir jetzt an der Eurokrise. **Dass die Währungsunion mit den geplanten Regeln eine Fehlkonstruktion war, hatten sehr viele Ökonomen in Europa schon bei der Einführung des Euros in aller Deutlichkeit formuliert.** Doch der amtierende Kanzler wollte davon nichts wissen. Der Euro sei keine ökonomische, sondern eine politische Veranstaltung, sagte Kohl damals sinngemäß. Nach der Wende 1989 gab es bei der Einführung der D-Mark das gleiche Spiel. Der damals festgelegte Umtauschkurs von eins zu eins zwischen West- und Ostmark wurde von den allermeisten Ökonomen heftig kritisiert, weil die katastrophalen Folgen für die Wettbewerbsfähigkeit der ehemaligen DDR-Betriebe abzusehen waren. Heute warnen viele Ökonomen vor der Art, wie die Energiewende vollzogen wird. Aber auch das wird von der Politik ignoriert. Das Problem ist nur, dass man die Gesetzmäßigkeiten der Ökonomie zwar ignorieren kann, diese Kräfte dann aber nicht einfach verschwinden. Man hat dann nur Jahre später viel größere Probleme.

Und die Ökonomen? Was haben die in Bezug auf die Finanzkrise falsch gemacht?

Ich sehe ein wirklich großes Defizit darin, dass viele Ökonomen zu sehr versucht haben, vor allem anderen akademischen Kollegen auf Augenhöhe zu gefallen, auch wenn man damit nur im Elfenbeinturm reüssiert. Wissenschaft ist größtenteils ein selbstreferenzielles System, das zu sehr von der Umwelt abgeschlossen ist. Und in der Ökonomik ist es gut für die eigene Reputation in der Zunft, wenn man elegante Modelle oder witzige Einzelideen hat, die möglichst auch noch kontraintuitiv sind. Ob die Gesellschaft etwas davon hat, ob die Frage gesell-

schaftlich wirkliche Relevanz hat, ist oftmals zweitrangig. Ein altbekanntes und zugleich wichtiges Problem wie die Inflation zu beackern, ist mühsam. Es ist harte Arbeit, hier zu einem wirklichen Wissenszuwachs zu kommen. Auch sich mit institutionellen Details und der Funktionsweise von einzelnen Märkten auseinanderzusetzen, ist echte »Drecksarbeit«. Aber das wäre gute Ökonomik, weil sie wirtschaftspolitisch relevant ist. Es ist ganz wichtig, dass wir wieder stärker gesellschaftlich relevante Themen ernsthaft bearbeiten. In manchen Bereichen passiert das durchaus, in manchen aber auch nicht.

Ein anderes Problem sind manche »Medien-Ökonomen«, die zu jedem Thema ihre Meinung zum Besten geben, auch wenn sie sich nur oberflächlich mit den Themen beschäftigen.

Das hängt natürlich auch an Medien und Politik, weil wohl aus Bequemlichkeit oder Zeitdruck tendenziell die gleichen Leute befragt werden, insbesondere, wenn diese bereit sind, auch etwas zu sagen. Es ist eine Aufgabe für die Zunft der Ökonomen, das besser zu organisieren und zum Beispiel in Deutschland ein Expertenpanel für Medien und Politikberatung aufzubauen. In den USA ist die Politikberatung durch Ökonomen deutlich besser institutionalisiert. Wenn man zum Beispiel Mitglied des Councils of Economic Advisers wird oder Chief Economist in der Wettbewerbs- oder Regulierungskommission, dann wird man tatsächlich vom Universitätsbetrieb zu 100 Prozent beurlaubt, um sich zu 100 Prozent der Politik zu widmen. Diese

Ämter haben in den USA auch eine viel höhere Reputation unter Ökonomen selbst. Wenn sich Hochschul- und Wissenschaftspolitik nur noch auf Exzellenzprogramme ausrichten und nur diese honorieren, dann wird der Platz für wissenschaftliches Engagement außerhalb der Universität immer enger.

Vernachlässigt die Ökonomie zu oft, was in der Gesellschaft tatsächlich geschieht, etwa weil man in Modellen davon ausgeht, dass der »homo oeconomicus« sich immer seiner eigenen rationalen Ziele bewusst ist und diese ausschließlich rational verfolgt?

Manche Ökonomen haben tatsächlich nicht ganz verstanden, dass die Ökonomik auch eine Sozialwissenschaft ist. Sie geht sehr stark vom Individuum aus, das seine individuellen Entscheidungen trifft und dessen »rationales« Verhalten man schön in mathematische Formeln einbetten kann. Es wird noch immer zu wenig betrachtet, wie stark individuelle Entscheidungen in soziale Kontexte eingebettet sind, wie sich Verhalten am tatsächlichen oder angenommenen Verhalten anderer orientiert. Das ändert sich zwar und Ökonomie und Psychologie nähern sich bereits stark an. Was aber die noch notwendige Annäherung an die Soziologie angeht, gibt es große Defizite. Die Bedeutung des sozialen Kontextes von Märkten wird weiter häufig unterschätzt, obwohl es teilweise auch schon sehr interessante Studien dazu gibt. Aber – notabene – auch vielen Soziologen fehlt oft der ökonomische Zugang zu diesen »ihren« Themen. Da gilt es noch viele Brücken zu schlagen.

Als Vorsitzender der Monopolkommission beschäftigen Sie sich mit Themen wie politische und gesellschaftliche Macht oder dem Machtungleichgewicht zwischen Firmen. Die akademische Ökonomie hat zuletzt immer wieder den Eindruck erweckt, die Augen vor diesen Phänomenen zu verschließen. Schließen VWL und BWL nicht zu oft Themen aus, die zum Beispiel in der Politikwissenschaft als entscheidend betrachtet werden?

Natürlich sieht man durch die Arbeit in der Monopolkommission praktisch jeden Tag, dass es Marktmacht, Monopolisten und marktmächtige Unternehmen gibt, von denen manche durchaus Praktiken verfolgen, die kritikwürdig und regulierungsbedürftig sind. Wenn aber ein Unternehmen zum Beispiel seinen Händlern bestimmte Dinge vorschreibt, etwa, zu welchem Preis sie ihre Produkte weiterverkaufen dürfen, dann kann das mit einer Ausnutzung von Marktmacht zu tun haben, aber auch mit dem Streben nach Effizienz. In der Institutionenökonomik gibt es im Grunde immer zwei Ansätze, um Regeln, Institutionen, Normen, Gepflogenheiten, komplexe Vertragskonstellationen usw. zu erklären: Macht und Effizienz. Im Übrigen betrachtet gerade die politische Ökonomie nicht nur Marktmacht, sondern auch politische Macht und die Macht von Interessenverbänden. Das ist wichtig. Der Einfluss von Unternehmen und Interessenverbänden auf politische Prozesse ist doch sehr viel größer, als ich es erwartet habe, bevor ich Mitglied der Monopolkommission wurde.

Lobbyismus gilt als durchaus legitim?

Lobbyismus hat aus meiner Sicht einen viel zu starken Einfluss auf die Politik, und das hat oft negative Konsequenzen, was die Rationalität dieser Politik betrifft – übrigens unabhängig davon, welche Branche wir genauer betrachten. Das trifft auf vermeintlich »gute« Branchen wie zum Beispiel die erneuerbaren Energien genauso zu wie auf die »Atomlobby«. Die Politik wird sehr stark von Partikularinteressen beeinflusst, und da spielen auch Parteispenden durchaus eine Rolle. So, wie die Gepflogenheiten zwischen Politik und Interessengruppen sind, wäre – etwas zynisch formuliert – das wirksamste Mittel, um den Einfluss der Monopolkommission zu stärken, wenn wir ein eigenes Budget für Parteispenden hätten.

Strukturreformen werden zurzeit ja auch im Bankenbereich gefordert – unter anderem die Aufteilung großer Bankenhäuser in Investment- und kundenorientierte Institute. Ihre Meinung?

Die Konzentration im Bankensektor ist seit Ausbruch der Krise in Europa in der Tat angestiegen. Wir haben jetzt weniger Großbanken, von denen noch mehr als systemrelevant angesehen werden müssen, die also von der Gesellschaft beim nächsten Crash wieder freigekauft werden müssen. Das mindert die Risikobereitschaft dieser Häuser nicht gerade. Wir müssen endlich begreifen, dass wir es mit einer systemischen Krise zu tun haben und dass kosmetische Korrekturen nicht mehr weiterhelfen werden. Dann darf man sich aber bei diesem Thema auch nicht maßgebend von den betroffenen Akteuren beraten lassen. Wer einen Sumpf trockenlegen will, darf nicht die Frösche fragen. Martin Hellwig, einer meiner Vorgänger in der Monopolkommission, hat klargemacht, dass wir darüber nachdenken sollten, Banken eine Eigenkapitalquote von bis zu 30 Prozent zuzumuten. Sicher würde das auch in der Realwirtschaft zu Beginn Schmerzen erzeugen. Aber wir brauchen einfache Regeln, die wir auch überprüfen können. Vor allem aber stellt sich in der Logik dieser systemischen Krise die Frage nach den noch zumutbaren gesellschaftlichen Gesamtkosten, zum Beispiel für Bankenrettungen. Aus gesamtgesellschaftlicher Sicht können wir vermutlich mit Regeln, die kurzfristig kostspieliger sind, langfristig deutlich besser fahren. Die Kosten einer leichten Überregulierung des Bankensektors scheinen jedenfalls im Moment geringer als die Kosten der Unterregulierung, die wir jetzt gut kennengelernt haben. Anders gesagt: Ein Prozent weniger BIP-Wachstum als Folge regulierender Maßnahmen tut gesellschaftlich deutlich weniger weh als weiter ausufernde Konsequenzen einer systemischen Krise, die sogar den Kern unserer Volkswirtschaften bedrohen kann.

Es werden zunehmend Stimmen laut, die eine neue Messung von Wohlstand und Wachstum fordern. Könnten neue Kriterien für qualitatives Wachstum, zum Beispiel weiche Indikatoren wie »Glück« oder »die Lebenszufriedenheit« das Bruttoinlandsprodukt als ein auf Produktionszahlen fixiertes Wachstumskriterium sinnvoll erweitern?

Im Bruttoinlandsprodukt fehlt natürlich vieles, was den Menschen wichtig ist. Wie es zum Beispiel um die Gesundheit der

Leute steht oder wie glücklich sie mit ihrer Freizeit sind, sind für das Wohlbefinden der Menschen natürlich auch wichtige Fragen. Ein Problem ist aber, dass so etwas schwer objektiv zu messen ist, sodass oft mit Befragungen gearbeitet wird. Diese sind jedoch leicht manipulierbar. Nichtsdestotrotz wäre es ein Fehler, sich in der Politik allein am Bruttoinlandsprodukt zu orientieren. Es macht aber wenig Sinn, Bruttoinlandsprodukt, Gesundheitszustand und allgemeine Lebenszufriedenheit irgendwie aufzuaddieren. Bei der Kritik am Bruttoinlandsprodukt als Indikator geht es oft ja auch um eine Kritik am quantitativen Wachstum. Eigentlich bedeutet Wachstum, dass man den gleichen Output mit weniger Ressourcen herstellen kann oder dass man mit den Ressourcen, die man einsetzt, entweder mehr herstellen kann oder etwas, das höherwertiger ist, das sich also im Bruttosozialprodukt in einem höheren Geldbetrag ausdrückt. Letztlich kommt Wachstum zustande, weil Leute Ideen haben und neue Dinge oder Prozesse erfinden. Wollen wir nun wirklich verhindern, dass Leute Ideen haben und diese dann auch verwirklichen? Sollen die Menschen nichts mehr erfinden dürfen, das andere dann kaufen wollen? Ich weiß nicht, ob es die Menschen glücklicher machen würde, wenn Politiker ihnen dabei helfen, dass sie nicht dauernd neue Dinge kaufen müssen. Ich denke, das sollte man den Bürgern schon selbst überlassen.

Da spricht der Wirtschaftsliberale.

Natürlich! Ich glaube tatsächlich, dass Menschen selbst entscheiden sollten, was sie mit ihrem Leben machen wollen. Aber ich halte es für falsch, Wirtschaftsliberalismus und gesellschaftlich liberale Positionen voneinander zu trennen. Liberalismus heißt für mich nicht, dass wir unbedingt möglichst viel Freihandel mit jedem Staat eingehen, nur weil es dort günstiger ist, zu produzieren, während wir gleichzeitig ausblenden, wie bestimmte Länder mit ihren Bürgern umgehen, welche Einstellung sie zu Menschenrechten haben. Und auch Themen wie innere Sicherheit und die Überwachung der Bürger interessieren mich als Liberalen. Bürger müssen Rechte über ihre Daten besitzen, das sind auch Eigentumsrechte. Liberales Denken ist für mich auch mit einer ökologischen Perspektive vereinbar. Wer natürliche Ressourcen verbraucht, greift auch in das Leben anderer Leute ein. Es ist dann abzuwägen, wie viel Freiheit den Einzelnen zugestanden werden kann und wo der Einzelne in seinem Handeln die Freiheit anderer so sehr einschränkt, dass er diese dafür kompensieren muss. Da spannt sich der Gesellschaftsvertrag auf.

JUSTUS HAUCAP

Justus Haucap war von 2008 bis 2012 Vorsitzender der Monopolkommission und ist Mitglied in zahlreichen wissenschaftlichen Beiräten. Er ist Gründungsdirektor des von der Schwarz-Schütte-Förderstiftung mitfinanzierten neuen »Düsseldorf Institute for Competition Economics« (DICE) und dort Lehrstuhlinhaber für Volkswirtschaftslehre, insbesondere Wettbewerbstheorie und -politik. Zuvor war er unter anderem Inhaber des Lehrstuhls für Wettbewerbstheorie und -politik an der Ruhr-Universität Bochum. Nach dem Promotionsstudium an der University of California in Berkeley, USA, war Haucap als Analyst an der New Zealand Treasury in Wellington hauptverantwortlich für die Bereiche Wettbewerb und Regulierung.

g-star raw by marc newson

Andreas Suchanek

UND JETZT?

Rohstoff Vertrauen, Ethik als Investition – im Interview erklärt der Wirtschaftsprofessor Andreas Suchanek, warum richtige Unternehmensethik immer wichtiger werden wird. Doch: Wie kommen wir dahin? Und: Ist das nicht alles zu naiv?

Es heißt, dass sich Banken nicht mehr vertrauen und sich deswegen nicht mehr gegenseitig beleihen. Wie wichtig ist Vertrauen in einer Gesellschaft?

Wir geben uns heute in der arbeitsteiligen globalisierten Gesellschaft gegenseitig so viel Vertrauen wie noch nie. Wir konsumieren Produkte, bei deren Herstellung zahlreiche Menschen auf der ganzen Welt mitgewirkt haben. Wir schließen ständig – auch mündlich – Verträge ab und vertrauen darauf, dass Gesetze bzw. der Staat und Gerichte deren Geltung gewährleisten. Wir tragen – zumindest hier in Deutschland bzw. Europa – nicht ständig Waffen mit uns, weil wir darauf vertrauen, dass unsere Mitmenschen unsere Rechte auf Eigentum und Unversehrtheit achten usw. Normalerweise ist dieses ständige Schenken von Vertrauen so elementar, dass wir gar nicht bemerken, wie viel Vertrauen wir ständig im Alltag benötigen und benutzen. Wenn das erodiert, wird es sehr schnell gefährlich für eine Gesellschaft. Auch Unternehmen oder gar Branchen machen die Erfahrung, wie wertvoll Vertrauen ist. In den

Achtzigerjahren musste sich die Chemiebranche nach diversen Skandalen erheblich und lange anstrengen, um Vertrauen zurückzugewinnen – was ihr im Übrigen recht gut gelang. Heute stehen vor allem Banken in der Bringschuld. Vertrauen erhält sich nicht von selbst, es müssen Rahmenbedingungen und Spielregeln, aber auch ein entsprechendes Verantwortungsbewusstsein existieren, damit wir uns nicht wechselseitig unsere Vorräte an Vertrauen ausbeuten. Genau das geschieht in der Finanzkrise – bis zu dem Punkt, an dem Banken konkret spüren, was es heißt, wenn ihnen der Rohstoff Vertrauen ausgeht.

Jetzt merken Banken, dass durch den Vertrauensverlust auch reale Kosten entstehen.

Ja! Und dies nicht nur, weil Interbankenkredite teurer werden. Auch das Misstrauen, das ihnen von der Bevölkerung und der Politik entgegenschlägt, ist etwas, was sie als Kosten spüren – und mit Kosten meine ich nicht nur Geld, sondern dass man Schwierigkeiten hat, sich Gehör zu verschaffen. Ihnen wird nicht mehr so leicht geglaubt, sodass es schwieriger wird, neue Produkte auf den Markt zu bringen.

Sehen Sie bei den Managern ein Umdenken, dass man dringend etwas im eigenen Geschäftsgebaren ändern müsste, und zwar fundiert – nicht nur als Marketingoffensive?

Es ist nicht so, dass es einfach nur die Gier oder die Angst oder das Getriebensein Einzelner gewesen ist, das die Krise verursacht hat. Es war das Zusammenwirken von sehr vielen Handlungen Einzelner, Kunden auf Schnäppchen- oder Renditejagd, Politiker auf Stimmenfang, Ratingagenturen mit dem Wunsch nach weiteren Aufträgen usw. Ein Umdenken hat, so glaube ich, durchaus bei vielen eingesetzt. Doch zeigt sich immer wieder folgendes Phänomen: Niemand ist gegen mehr Gerechtigkeit, mehr Nachhaltigkeit, jeder schätzt Integrität und Respekt – grundsätzlich. Was hält uns dann eigentlich davon ab, entsprechend zu handeln? Ich glaube, dass diese Frage oft so nicht gestellt wird, obwohl sie so wichtig ist.

Vielleicht, weil die »Guten« in der Wirtschaft immer wieder die Verlierer stellen? Wie kommt man da raus, dass oft diejenigen im Wettbewerb Geld verlieren, die sich an die Regeln halten? Während andere, die zum Beispiel zum langfristigen Nachteil der Gemeinschaft auf Blasen spekulieren, Gewinne abschöpfen, weil sie geschickt vor dem Crash abspringen?

In den vielfältigen Verführungen durch kurzfristig orientierte Kostensenkungs- bzw. Gewinnmöglichkeiten zulasten Dritter liegt sicherlich ein Problem. Doch gibt es zum Glück auch genügend Beispiele, dass verantwortliches Handeln zu wirtschaftlichem Erfolg führt. Ich beobachte viele Unternehmen, ich nenne nur als Beispiel BASF – immerhin ein Weltmarktführer –, die in Nachhaltigkeit, Verantwortung, Integrität enorm viel investieren – ganz konkret durch Manpower, durch Nachhaltigkeits- und Wertemanagement und die notwendigen Maßnahmen für deren Umsetzung. Und das macht ökonomisch Sinn. **Niemand arbeitet gerne mit einem Unternehmen zusammen, dem man nicht vertraut. Vertrauen wird also zum Vermögenswert, den man im Wettbewerb nutzen kann.** Das erfordert allerdings anspruchsvolle Kompetenzen der Wahrnehmung unternehmerischer Verantwortung.

Viele Konzerne begnügen sich damit, Kulturevents zu sponsern oder andere gesellschaftliche Projekte außerhalb ihres Kerngeschäfts, und nennen das dann »Corporate Social Responsibility«.

Irgendwelche Wohltaten umzusetzen, Konzerte zu sponsern oder für karitative Organisationen zu spenden, wird heute nicht selten als Ablasshandel interpretiert, manchmal auch zu Recht. Unternehmen können Vertrauen nur dann nachhaltig aufbauen, wenn sie in ihrem eigenen Kernbereich verantwortlich agieren. Das umfasst zum Beispiel die faire Behandlung von Zulieferern, aber auch deren kritische Auswahl – etwa in asiatischen Partnerländern nach angemessenen sozialen und ökologischen Standards. Das Kerngeschäft ist der eigentliche Prüfstein, wo sich entscheidet, ob man einem Unternehmen trauen kann, ob man es als Käufer unterstützen sollte. Hier machen Unternehmen seit Jahren einen intensiven Lernprozess durch. Corporate-Philantropy-Projekte werden beibehalten, weil das manchmal auch sinnvoll sein kann – aber das ist nicht der Kern von Verantwortung, kann es gar nicht sein! Sonst könnte auch die Mafia zu einem verantwortlichen Unter-

nehmen werden, indem sie – wir fragen jetzt nicht, wie – Geld einnimmt und einen Teil des Geldes etwa einer Klinik zugutekommen lässt.

Wir haben vor allem in Deutschland diese Vorstellung von Moral, dass sie nur echt ist, wenn sie wehtut. Auf die Ökonomie übertragen würde das bedeuten, dass moralisches Handeln mit Verlusten einhergehen muss.

Tatsächlich denken auch viele Unternehmer so: Moral muss gänzlich uneigennützig sein und dem anderen oder dem Gemeinwohl dienen, man darf davon selbst keine Vorteile haben. Das würde allerdings für Unternehmen heißen, dass moralisches Handeln in der Wirtschaft systematisch Verluste bzw. Wettbewerbsnachteile mit sich bringt. Ich glaube, dass eine solche Vorstellung von Moral nicht funktionieren kann – und im Übrigen auch am eigentlichen Sinn moralischen Handelns, der Förderung eines gelingenden Lebens, vorbeigeht. Nur wenn die Eigentümer, die Mitarbeiter, die Kunden, die Zulieferer usw. hinreichend zufrieden sind, wird man auch nachhaltig Gewinne machen können. Wir müssen also Moral mit Vorteilhaftigkeit, mit Gewinnerzielung zusammenbringen, und das geht am besten über den Begriff der Investition, die ja unmittelbar auch erst einmal ein Verzicht ist und »wehtut«. Das ist der Kern einer alltagstauglichen Ethik.

Für Sie ist Moral tatsächlich eine Investition ...

... und zwar in die Zusammenarbeit, zum eigenen und zugleich allgemeinen Vorteil. Schon die elementarsten Tauschprozesse waren zum gegenseitigen Nutzen ausgelegt. So funktioniert doch Wirtschaft; jede arbeitsteilige Produktion ist zum gegenseitigen Vorteil der Akteure, sonst würde sie nicht stattfinden. Wirtschaft ist generell ein Positivsummenspiel – aber ihr Funktionieren hängt davon ab, dass wir permanent daran arbeiten, dass es fair, solidarisch und nachhaltig zugeht. Das hat viel mit Spielregeln zu tun, aber auch damit, dass wir innerhalb dieser Spielregeln verantwortlich agieren und nicht kurzfristigen Versuchungen erliegen, mal schnell Gewinne mitzunehmen zulasten anderer – das Widerstehen solcher Versuchungen heißt Verantwortung und ist eine Investition in Vertrauen: Indem ich den anderen nicht über den Tisch ziehe oder Dritte schädige und damit zwar kurzfristige Gewinne mache, aber Vertrauen zerstöre. Eine solche Investition ist tatsächlich zuerst ein Verzicht, doch wenn sie kompetent durchgeführt wird, ist sie eben auch eine Investition im klassischen Sinne, das heißt, sie bringt künftig – aufgrund der eigenen Verlässlichkeit – höhere Erträge.

Müsste das nicht auch Thema der universitären Ausbildung werden?

Ich finde: unbedingt! Wenn in die Theorien, Modelle und damit eben Denk- und Wahrnehmungsmuster von BWL oder VWL ethische Reflexionen nicht eingearbeitet wurden, wie soll man später ein Gespür für den Sinn von Moral als Investition bekommen? Die Studierenden erhalten im Studium die Konzepte und Modelle, mit denen sie später ihre Entscheidungen vorstrukturieren, ihre Erwartungen bilden, Kommunikation gestalten. Die Schwierigkeit ist, das methodisch reflektiert mit den klassischen Fächern zu verschränken, zum Beispiel Seminare und Kurse gemeinsam mit dem jeweiligen Fachdozenten unter Einbezug ethischer Aspekte zu halten. Instrumente wie die Balanced Scorecard, Kostenrechnungssysteme oder den

Marketing-Mix zu vermitteln und dann hinten noch eine ethische Floskel anzuhängen, das hat noch nie funktioniert. Die notwendigen Fragen für den ethischen Diskurs im Unterricht sind fundierter zu thematisieren: Wer hat welche Verantwortung, wie sind die situativen Anreize, ihr nachzukommen, welche Schwierigkeiten, Konflikte und Dilemmata gibt es? Welche Standards sollte ich von den Zulieferern verlangen und wie stellt man ihre Einhaltung sicher? Welche Versprechen gebe ich den Kunden und kann ich sie im Wettbewerb auch einhalten? Und eben: Wie kann ich diese Fragen mithilfe der wirtschaftswissenschaftlichen Theorien, Modelle und Instrumente beantworten?

Letztendlich müssten Unternehmen oder auch Fakultäten davon überzeugt werden, sich diesem Wandel zu stellen. Das geht doch nur mit einem gewissen Druck. Ist es nicht naiv, zu meinen, dass ethische Argumente tatsächlich etwas bewirken können?

Tatsächlich ist in aller Regel Druck durch Gesetze, durch Märkte, durch die Öffentlichkeit wichtig und oft notwendig. Ebenso wichtig ist es allerdings, dass die Persönlichkeiten an der Spitze des Unternehmens von der Notwendigkeit verantwortlichen Handelns überzeugt sind und in ihrem Bereich Menschen für eine neue Sicht von Ethik als Investment gewinnen; dann ändert sich etwas. In der BWL-Ausbildung wird manchmal unterschätzt, wie sehr es immer darum geht, Menschen für eine gelingende Zusammenarbeit zum gegenseitigen Vorteil zu gewinnen. Das setzt aber zumeist eigene Leistungen und Investitionen voraus. Ich glaube, dass sehr viel von den Mustern abhängt, mit denen Menschen die Wirklichkeit wahrnehmen. Ist das naiv gedacht? Wir werden sehen.

Die Realität ist doch härter! Die Entwicklungen, die Ihnen vorschweben, greifen in den meisten Ländern weltweit nicht. Nehmen wir das Beispiel Korruption. In vielen Ländern, die jetzt als wirtschaftlich spannend gelten, muss man sich doch bei jedem wirklich Erfolgreichen fragen: »Oh Gott, wie hat der denn eigentlich seine erste Million gemacht?«

Natürlich, man muss nur nach Russland, Nigeria oder bestimmten Ländern in Lateinamerika und Asien blicken und könnte meinen, das sei alles reichlich idealistisch. Aber für mich ist eine der großen Lehren, die man aus der Ethik selbst ziehen kann, dass es sich immer lohnt, moralische Ideale und Werte als Orientierung zu behalten! Es geht um das Gelingen des Lebens, um das Gelingen von Gemeinschaft, und diese Erkenntnis gilt es zu verbinden mit einem möglichst klaren, harten Blick auf die Realität. Zum Beispiel bei der Vorbereitung der Studierenden: Was erwartet sie im Berufsleben? Vielleicht werden sie nach Russland geschickt und sollen dort Geschäfte machen und merken erst dann: »Offenbar muss ich korrupt sein, sonst gehe ich hier gnadenlos unter.« Dann ist es meist zu spät, darüber nachzudenken, ob man ein solches Handeln als Teil der eigenen Geschichte für den Rest seines Lebens mit sich herumtragen will; dazu fehlt die Zeit. Deshalb ist es für Studierende lohnenswert, sich noch im Studium ein klareres Bild von sich selbst zu machen: Wie viel ist mir meine Integrität wert? Wer bin ich und was möchte ich wirklich? Jeder muss sich klarmachen, dass er mit sich selber leben muss – den ganzen Rest seines Lebens. Dann lohnt es sich auch, darüber nachzudenken, in welcher Branche man arbeiten möchte, ob man erwarten kann, dass einem das Unternehmen in solchen Fragen Hilfestellung und Orientierung an die Hand gibt – und welche. Es geht darum, die eigenen Lebensziele mit Realismus zusammenzubringen, im eigenen Leben, in der beruflichen Identität, und sich diesen Fragen zu stellen: Was mache ich in Konfliktfällen? Wo sind Grenzen, die ich auf gar keinen Fall überschreiten möchte? Wo bin ich bereit, Kompromisse einzuge-

hen, weil daran andere Interessen hängen, die ebenfalls wichtig sind? Solche Fragen zu diskutieren und auch gemeinsam angemessen zu definieren, sind nicht zuletzt Grundlage einer Unternehmenskultur, aus der verantwortliches und zugleich erfolgreiches Handeln resultiert.

Noch einmal zur aktuellen Krise: Bestimmte ökonomische Schulen und Colleges haben lange Zeit ähnliche Modelle auf die gleiche Art und Weise gelehrt. Wenn aber alle auf der Welt das Gleiche lehren und sich das dann als falsch erweist, haben wir doch überall ähnliche Probleme. Kann man das denn überhaupt von einem Tag auf den anderen ändern?

Business-Schools haben ein bestehendes Set an Theorien und Instrumenten – das kann man nicht einfach wegwerfen oder komplett ersetzen. Diese Theorien sind ja auch nicht schlecht, sie sind nur begrenzt und die Gefahr besteht darin, dass man sie für die ganze Realität hält – etwa so, als ob ein schlechter Arzt den Menschen nur als ein Modell des Blutsystems ansehen würde. Ich weiß, dass etliche gute Business-Schools dabei sind, zu versuchen, diesen Themenbereich Unternehmensethik auszuweiten. Wie überall sind aber auch an den Hochschulen die Beharrungskräfte nicht unerheblich. Hier macht es sich bemerkbar, dass Hochschulen ein hohes Maß an Autonomie haben, was einerseits gut ist. Andererseits kann es aber dazu verleiten, sich gegen Änderungswünsche abzuschotten – weil Änderungen anstrengend sind. Hochschulen sind auch in hohem Maße von dem getrieben, was ihnen Reputation bringt, und das Wichtigste ist nach wie vor die Forschung. Und Forschung wird stark getrieben von Dingen, die wissenschaftsimmanent orientiert sind: Wo es mithin nicht darum geht, gesellschaftspolitische Probleme zu lösen, sondern solche Probleme, die in den Theorien der vergangenen zehn Jahre entstanden sind, wo man sich auf ein Modell bezieht, das sich auf ein Modell bezieht, das sich auf ein Modell bezieht usw.

Wie kann sich dieses »geschlossene System« Wirtschaftswissenschaften, das sich so stark an mathematischen Modellen orientiert, wieder für die vielen Facetten der Gesellschaft – und nicht zuletzt für die Berücksichtigung der Menschen, wie sie sind – öffnen?

Die Herausforderung besteht darin, dass wir einerseits Reduktionen brauchen, wie sie durch Messungen oder Modelle vorgenommen werden, um Analysen komplexer Phänomene überhaupt durchführen zu können, dass aber andererseits immer das Risiko besteht, dass man ihren reduktionistischen Charakter vergisst und das Modell oder die Messung für die ganze Wirklichkeit hält – und dabei Aspekte ausblendet, die nicht gemessen oder modelliert wurden, die aber in der Praxis wichtig sind. Wir haben in den Wissenschaften – und letztlich auch in der Gesellschaft – heute mehr denn je das Problem, dass die eigenen Theorien und Konzepte eigentlich immer wieder eingebettet werden müssten in eine allgemeinere Sicht der Gesellschaft und dass dies auch noch fächerübergreifend geschehen müsste, um beispielsweise die jeweilige Sicht auf Märkte, wie sie Politologen, Soziologen und Ökonomen in je recht unterschiedlicher Weise haben, integrierbar zu machen. Das klingt vielleicht ähnlich idealistisch wie die Rede von integrer Unternehmensführung, doch auch hier glaube ich, dass es sich lohnt, in ein gemeinsames besseres Verständnis der gesellschaftlichen Realität zu investieren.

ANDREAS SUCHANEK

Andreas Suchanek ist der führende deutsche Experte im Bereich Unternehmensverantwortung. An der Handelshochschule in Leipzig (HHL) ist Suchanek Inhaber des Dr.-Werner-Jackstädt-Lehrstuhls für Wirtschafts- und Unternehmensethik sowie Forschungsprofessor für Nachhaltigkeit und Globale Ethik an der HHL Graduate School for Management. Seit 2005 ist er Vorstand des Wittenberg-Zentrums für Globale Ethik, das sich insbesondere mit den Themen »Building Global Cooperation« und Unternehmensverantwortung beschäftigt.

BÜRGERTUM
RELOADED

STAAT VERSUS PRIVAT

Perspektiven für das Bürgertum

Markus Baumanns

MITEINANDER VON STAAT UND PRIVAT

Der Managementberater Markus Baumanns über die Möglichkeiten großer und kleiner Stiftungen, die Schwierigkeiten mit privater Bildungsfinanzierung und aktuelle Lernprozesse mit Public-private-Partnerships.

Umkämpfte Hochschulzugänge, fehlende individuelle Betreuung an Schulen wie Hochschulen. Zudem verschuldete öffentliche Kassen und ein Staat, der seit Jahren gegen Finanz- wie Staatsschuldenkrisen ankämpft. Entgegen allen Lippenbekenntnissen wird Bildung in Deutschland wohl auch in Zukunft unterfinanziert bleiben.

Es wird wichtig, dass es im Bildungsbereich schneller zu einem sinnvollen Miteinander zwischen staatlichem und privatem Engagement kommt. Stiftungen, Privatleute und Unternehmen engagieren sich an Universitäten. Der Stifterverband bündelt eine ganze Vielzahl und eine beträchtliche Finanzkraft von privaten Geldgebern, die sich für die Wissenschaft engagieren. Das ist eine gute Entwicklung. Nicht, weil sich hier die private Hand zum Lückenbüßer des Staates entwickelt. Vielmehr reagiert die Gesellschaft darauf, dass der Staat mit den vielen Herausforderungen, vor denen das Bildungssystem steht, überfordert ist.

Welche Rolle werden Stiftungen und private Einrichtungen bei der Finanzierung von Hochschulen spielen?

In den nächsten fünf bis zehn Jahren werden in Deutschland rund 1,6 Billionen Euro vererbt – oft aus kinderlosen Haushalten. Stiftungen sind ein wunderbares Instrument, um ein wichtiges Anliegen über den Tod des Stifters hinaus fördern zu können. Das ist das Ewige und Spannende an Stiftungen. Das Problem: Es wird immer vom Stiftungsboom gesprochen – bei den mehr als 18.000 Stiftungen im Land handelt es sich allerdings in der großen Mehrheit um sehr kleine Stiftungen. Da werden Stiftungen nur mit dem Nötigsten ausgestattet und müssen dann Geld einwerben. Mit der Marke einer Stiftung gelingt das besser als mit der eines gemeinnützigen Vereins. »Stiftung« klingt einfach besser. Vor allem wird es nun wichtig sein, mehr große Stiftungen und starke Alumnivereinigungen an den Hochschulen zu entwickeln, die in der Lage sind, für wichtige Anliegen nennenswerte Geldsummen zur Verfügung zu stellen. Auch die Wirtschaft entdeckt die Bedeutung eines Engagements an Hochschulen immer stärker. In Europa wird aus demografischen Gründen und wegen des schärfer werdenden globalen Wettbewerbs um die besten Köpfe einiges dafür getan werden müssen, um frühzeitig gute Nachwuchsfach- und -führungskräfte an Unternehmen zu binden. In dieser Hinsicht befinden sich Universitäten in einer komfortablen Lage: Sie bilden die Führungskräfte von morgen aus. Daraus sollten sie noch mehr Kapital schlagen. Unternehmen stehen zunehmend stärker unter Druck, sich gesellschaftlich zu engagieren. Mit der Unterstützung von Hochschulen können Unternehmen zwei Fliegen mit einer Klappe schlagen: guten Nachwuchs rekrutieren und sich imagefördernd, nach außen sichtbar um kluge Köpfe bemühen – einen der wichtigsten Rohstoffe unserer Zeit.

Im Moment sehen wir noch eine deutliche Spaltung in der Finanzierung privater wie öffentlicher Hochschulen. Beide Typen von Hochschulen werden unterschiedlich wahrgenommen. Werden private Hochschulen zu oft noch als Fremdkörper wahrgenommen – zum Beispiel in der Zusammenarbeit mit der Kommune oder dem betroffenen Bundesland?

In hoffentlich nicht allzu langer Zeit werden in nennenswertem Umfang private Hochschulen staatliche Mittel erhalten und staatliche Hochschulen auch private Mittel. Bei allen Rückschlägen bei dem Thema Studiengebühren: Langfristig werden auch stipendiengestützte Studiengebühren ihren Beitrag als eine feste Säule der Finanzierung von Hochschulen leisten. Die Unterscheidung zwischen staatlichem und privatem Engagement wird zugunsten der gesamtgesellschaftlichen Aufgabe Hochschule verschwimmen. Beide Seiten, private Geldgeber und öffentliche Hand, müssen mehr aufeinander hören. Hier ist bisweilen mehr Sensibilität im Umgang mit unterschiedlichen Mentalitäten notwendig. Meine Erfahrung sowohl mit der Bucerius Law School als auch mit der Kühne Logistics University, deren Aufbau wir im Jahr 2010 gestalten durften, sind positive Beispiele für eine gute Zusammenarbeit zwischen privatem Engagement und öffentlicher Hand, in diesen Fällen mit dem Stadtstaat Hamburg. Das liegt natürlich auch daran, dass gerade Hamburg ein Ort ist, wo privates Engagement im öffentlichen Bereich schon immer eine große Rolle gespielt hat. Hier haben Behörden weniger Berührungsängste mit privaten Geldgebern und umgekehrt. Das ist erfreulich.

Private Hochschulen haben weniger Probleme mit der noch neuen Autonomie, die Hochschulrahmengesetz und Landesregierungen Hochschulen in den vergangenen Jahren zugestanden haben. Es ist aber wichtig, dass auch die privaten Initiativen verinnerlichen, dass staatliche Behörden und der Wissenschaftsrat als gesellschaftliche Institutionen wichtige Standards setzen, die die Qualität des Hochschulstandortes Deutschland sicherstellen. Die staatliche Seite wiederum sollte sich für die Bereicherung, die von privater Hand her entsteht, öffnen, auch neugierig sein. Ich halte es zum Beispiel für gut, dass sich staatliche Universitäten stärker für die Bedürfnisse der Wirtschaft öffnen. Denn bei aller hohen Wertschätzung dafür, dass Wissenschaft viel Freiraum braucht und dem zweckfreien Erkenntnisgewinn verpflichtet ist: Hochschulen und Wissenschaft dienen auch dem Bestand und der Wettbewerbsfähigkeit unserer Volkswirtschaft. Das ist Teil ihres Auftrags. **Dieses Miteinander von Wissenschaft und Wirtschaft kann gar nicht spannungsfrei sein. Aber gerade in der Reibung entstehen viele neue Einsichten – auf beiden Seiten.**

Sie trommeln und arbeiten bereits seit Jahren für die Schaffung neuer privater Hochschulen …

… weil sie Katalysatoren für Veränderung sind. Sie können flexibler und schneller auf Veränderungen und veränderten Bedarf reagieren. Eine Studie des Stiftungsverbandes hat gezeigt, dass der große Teil der privaten Hochschulen in Bereichen engagiert ist, die sonst gar nicht so hochschulaffin sind. Da geht es um Berufsakademien, um neue Hochschulen, die stark auf bestimmte handwerkliche Fächer oder auf einzelne Spezialfächer ausgerichtet sind, die von staatlichen Universitäten nicht abgedeckt werden. Überhaupt müssen sich Hochschulen stärker ausdifferenzieren und auf konkrete Anfragen der Industrie nach bestimmten Ausbildungen reagieren. In all diesen Fragen können die privaten Vorreiter sein.

Ich bin noch nicht überzeugt. Sie haben private Wissenschaftseinrichtungen in Europa, den USA, China und Südamerika konzipiert und aufgebaut. Also: Woher die Faszination?

An vielen staatlichen Universitäten ersticken Energien, oft aus ganz verständlichen Gründen. Die Bewältigung der Masse von Studierenden, die Abarbeitung von Tausenden von Prüfungsvorgaben nach Bologna, endlose Senatssitzungen und ich weiß nicht, was noch alles. Es ist gut zu sehen, dass private Hochschulen Raum für eine direktere Umsetzung, höhere Flexibilität und guten Spirit haben. Diese Möglichkeiten haben auch mit der überschaubaren Größe der privaten Hochschulen zu tun. Bei der Jacobs University in Bremen durchläuft jeder spätere Naturwissenschaftler eine geisteswissenschaftliche Grundbildung und umgekehrt. Die Studierenden lernen so von Beginn an, Dinge auch anders zu betrachten als die Kollegen aus ihrer Zunft. Ist das nur ein Spleen von Reformwütigen? Unsere Realität ist vor allem wegen der erhöhten Geschwindigkeit der Kommunikation so dicht geworden und zugleich so vielschichtig, dass Lösungen nicht mehr aus einer eindimensionalen Betrachtung kommen können. **Wir brauchen Interdisziplinarität praktisch in allen Bereichen.** Jacobs University, Zeppelin Universität und auch die Bucerius Law School setzen in ihren Graduiertenprogrammen bereits um, wie man diesem Bedarf in der Hochschulausbildung konsequent Rechnung tragen kann. Staatliche, wie die Leuphana

Universität in Lüneburg, haben das bereits aufgegriffen und ziehen nach. Das ist doch genau das, was eine Hochschullandschaft braucht – inspirierende Konkurrenz.

Sie sagen, private Hochschulen punkten oft mit innovativer Didaktik und individualisierten Studiengängen. Sollten sie sich dafür, auch weil sie oft mit Finanzierungsfragen zu kämpfen haben, bei der wissenschaftlichen Forschung eher zurückhalten?

Das würde ich nicht sagen. Aber nur ein kleiner Prozentsatz privater Hochschulen erreicht hohe wissenschaftliche Standards, die an staatliche Universitäten heranreichen oder diese gar übertreffen. Wissenschaft ist teuer. Forschung bedeutet, dass man sich auch mal irren können muss; dass man ein, zwei Jahre in eine Sackgasse hineinläuft – bis man bestimmte Entscheidungen als Irrtum erkennt. Das kostet Geld, je nach Fach viel Geld. Deswegen braucht man für eine Hochschule, die einen hohen wissenschaftlichen Anspruch hat, einen langen finanziellen Atem. Und da wird es in aller Regel eng bei privaten Hochschulen – sieht man einmal von denjenigen ab, die von Stiftungen getragen oder langfristig fest zugesagt gefördert werden. Was die staatliche Forschungsförderung angeht, so besteht immer noch eine Ungleichbehandlung zwischen staatlichen und privaten. Wie gesagt, die Grenzen zwischen staatlichem und privatem Engagement für Forschung und Lehre wird aber verwischen.

Studiengebühren stehen wieder in der Kritik. Viele Bundesländer haben sie nach landesweiten Protesten wieder abgesetzt. Dabei beklagen Bildungsforscher, dass das Fehlen von Studiengebühren Ungerechtigkeiten im Bildungssystem zementiert und mangelnden Service an Universitäten verschlimmert.

Warum sind Studiengebühren gut? Viele bringen hier zuerst das Argument ins Feld, dass es ungerecht sei, wenn das Studium gebührenfrei gehalten wird, was ja vielen Familien, die schon relativ privilegiert sind, zum Vorteil gereicht, während der Besuch von Kitas oder der notwendige Ausbau von Kitaleistungen, von dem ja alle Schichten der Gesellschaft früh profitieren würden, gebührenpflichtig bleibt. Studiengebühren sind aber auch gut, weil sie den einzelnen Studierenden eine entscheidende Frage stärker ins Bewusstsein bringen: »Warum investiere ich überhaupt in diesen Studiengang und nicht in jenen?« Wenn ich umsonst studieren kann, bleibe ich eher irgendwo hängen und merke zu spät, dass ich den falschen Weg eingeschlagen habe. »Es hat mich aber nichts gekostet«, denkt der Studierende dann. Natürlich hat es ihn aber viel Lebenszeit gekostet, was noch viel wichtiger ist als Geld. Dieser heilsame Zwang wird durch Studiengebühren wirksam. Von den vielen Möglichkeiten, durch Studiengebühren vor allem die Qualität der Hochschullehre zu verbessern, mal abgesehen.

Wie sehen Sie die zukünftige Rolle von Public-private-Partnership-Modellen? Es geht einerseits darum, dass es neue Anreize für Hochschulen geben soll, privates Kapital zu binden. Andererseits lässt man dem Bildungssystem private Geldmittel zukommen, ohne dass Staat und Gesellschaft zu viel Deutungshoheit darüber verlieren, was wie zu fördern sei.

Die Differenzierung zwischen Staat und Gesellschaft leuchtet mir generell nicht ein. Die Gesellschaft besteht doch aus staatlichen, wirtschaftlichen und zivilgesellschaftlichen Akteuren und Mitgliedern. Und warum soll der Staat die Deutungshoheit über das haben, was zu fördern ist? Die gesellschaftlichen Anforderungen und Akteure, darunter auch die Hochschulen selbst, bestimmen, was zu fördern ist. Der Staat kann Impulse setzen, die Hochschulen aufgreifen. Das Deutschlandstipendium ist ein gutes Beispiel für einen solchen Impuls, der versucht, privates mit staatlichem Engagement zu verbinden und Unternehmen für ein stärkeres Engagement im Hochschulbereich zu gewinnen. Ob Public-private-Partnership-Modelle erfolgreich umgesetzt werden können, liegt an der gelungenen Austarierung der Interessenlagen zwischen den staatlichen und privaten Akteuren. Vorurteilen zum Trotz sind es hier nicht immer nur »die Staatlichen«, die Probleme machen. Ein privater Unternehmer strebt höchste Effizienz und schnellen Erfolg an. Eine staatliche Universität hingegen, die Wissenschaft betreibt, hat den Lernprozess hinter sich, sich mit manchen Ineffizienzen zu arrangieren, weil sie weiß, dass Wissenschaft Zeit braucht. Dann kann es schon vorkommen, dass dem engagierten Unternehmer die notwendige Geduld fehlt. Der Unternehmer ist es gewohnt, Ineffizienzen sofort zu beseitigen. Das ist in demokratisch verfassten Hochschulen nicht so einfach.

Eine große Herausforderung ist sicher die Tatsache, dass es an staatlichen Hochschulen vielfach am professionellen Hochschulmanagement mangelt. Das beginnt sich gerade erst zu entwickeln. Noch können viele staatliche Hochschulen bestimmte Chancen ihrer neu gewonnenen Autonomie gar nicht ergreifen, so etwa bei der Auswahl der Studierenden, im Fundraising oder in bestimmten Serviceleistungen des Studentensekretariats. **In Deutschland gibt es einen Mangel an guten Hochschulmanagern.** Kein Wunder angesichts der Tatsache, dass Bildung jahrzehntelang »verwaltet« wurde. Es gibt noch zu wenige gute Ausbildungs- und Studiengänge im Bereich Wissenschaftsmanagement. Unter diesen Rahmenbedingungen muss es im Miteinander von Staat und Privat im Hochschulbereich zu Enttäuschungen, Reibungen und Blockierungen kommen. Noch hängt es also sehr an einzelnen Personen, ob private und staatliche Modelle gut zusammenarbeiten. Wir brauchen noch mehr Erfahrungswerte.

MARKUS BAUMANNS

Markus Baumanns war von 2001 bis 2006 Geschäftsführer der Bucerius Law School sowie von 2006 bis 2009 Vorstandsmitglied der ZEIT-Stiftung. Er ist Mitgründer der Beratungsgesellschaft »schumacher &baumanns. the company companions« in Hamburg und war bis zur Aufnahme ihres Studienbetriebs im Oktober 2010 verantwortlich für den Aufbau der privaten Kühne Logistics University in Hamburg.

Andreas Schlüter

EINE NEUE KULTUR DES BÜRGERTUMS

Die Gesellschaft braucht neue Formen der Bürgerbeteiligung, meint Andreas Schlüter, Generalsekretär des Stifterverbandes. Ein Gespräch über Stiftungen, neue Handlungsfelder für private Akteure und warum sich Unternehmen verstärkt an Hochschulen engagieren.

Prominente Denker wie Peter Sloterdijk, Botho Strauß und der Publizist Frank Schirrmacher machen sich Sorgen um den Zustand des deutschen Bürgertums. Die Bürgergesellschaft, so heißt es, könne sich nicht mehr artikulieren. Schlimmer noch: Angesichts der vielen aktuellen gesellschaftlichen Veränderungen verliere sie an Orientierung und befinde sich bereits in einer Art Auflösung.

Tatsächlich wächst im Moment die Verunsicherung. Immer neue aktuelle Veränderungen attackieren lieb gewonnene Gewissheiten in Politik und Gesellschaft. Bekannte Identitäten, Brüche und Fraktionen zum Beispiel zwischen dem eher konservativen Besitzbürgertum und dem liberalen Bildungsbürgertum geraten ins Wanken. Aber darin stecken ja auch Chancen. Ich erlebe die jetzige Situation als möglichen Startpunkt für einen Aufbruch hin zu viel mehr bürgerschaftlichem Engagement. Und dieser wird aus vielerlei Gründen jetzt möglich und dringend nötig. **Der Staat kann die vielen Regelungsnotwendigkeiten einer zunehmend komplexen Gesellschaft nicht mehr allein steuern.** Und gebündeltes bürgerschaftliches Engagement zum Besten der Gesellschaft wird in absehbarer Zeit auch von der Politik selbst stärker eingefordert werden.

Aus welchen Gründen?

Unsere Gesellschaft befindet sich mitten in einer spannenden Debatte. Wir erleben ein Umdenken, was die Organisation privater Bildung, aber auch die Mitwirkung an grundlegenden gesellschaftlichen Entscheidungsprozessen – nicht nur über die jeweiligen Parlamente, sondern in Formen einer unmittelbareren Beteiligung – angeht. Es geht um die Neudefinition von Verantwortlichkeit, um die Frage, welche Verantwortungen weiter staatlichen Strukturen obliegen werden und welche besser bei privaten Organisationen und Trägern aufgehoben sind. Deswegen werden neue Fragestellungen wichtig: Wie viel privates Engagement lässt der Staat in unterschiedlichen Handlungsfeldern zu? Wie hält man es zum Beispiel mit den Rahmenbedingungen für private Bildungseinrichtungen? Zu wie viel privatem Engagement ermuntert der Staat über steuerliche Vergünstigungen?

Woran machen Sie die neue gesellschaftliche Bewegung, von der Sie sprechen, fest?

Hinter aufgeheizten Debatten und politischen Protesten – zum Beispiel um »Stuttgart 21«, um Fragen der Umsetzung der Energiewende oder um die Art und Weise, wie Banken eigentlich zum Wohle aller wirtschaften sollten – verbirgt sich eine tiefere, grundsätzliche Frage, nämlich: Wie wollen wir unsere Entscheidungsprozesse so organisieren, dass sie zu unserem Selbstbild als aufgeklärte Gesellschaft und zu den heutigen Herausforderungen passen? Inwieweit schaffen wir in wichtigen Fragen neue Möglichkeiten für Bürger, sich unmittelbarer an gesellschaftlichen Fragen und Entscheidungsprozessen zu beteiligen? Damit meine ich nicht mehr Bürgerentscheide. Aber wir brauchen dringend andere Diskursformen – auch jenseits der Parlamente, unter Einbeziehung von größeren Kreisen der Bevölkerung. Alleine die stärkere Teilnahme der Bürger durch Web-2.0-Anwendungen kann für mehr Transparenz in politischen Entscheidungsprozessen sorgen und mehr basisdemokratische Einbindung der Bürger in die Programmarbeit der Parteien und in die Auswahl politischer Akteure ermöglichen.

Das wird nun auch alles dringend nötig. **Das Selbstbewusstsein liberaler und bürgerlicher Gruppen innerhalb der Bevölkerung hat sich stark verändert. Man möchte nicht nur repräsentiert werden, sondern selbst das Gefühl haben, mitentscheiden zu können.** Dazu muss sich Zivilgesellschaft artikulieren können und Politik wiederum kann nicht mehr alles hinter verschlossenen Türen entscheiden. Bis jetzt macht sich diese Bewegung noch indirekt, zum Beispiel durch Protestwahlen, Luft. Aber es geht schon jetzt bei dieser gesellschaftlichen Veränderung um etwas anderes als nur um die Frage nach der Programmatik einzelner Parteien. Letztlich geht es um einen neuen gesellschaftlichen Freiheitsbegriff, um ein neues gesellschaftliches Handeln, das sich mehr Raum verschaffen wird, wenn zum Beispiel einzelne Akteure der Zivilgesellschaft sich noch stärker miteinander vernetzen und gemeinsam Projekte und Ziele anstoßen und artikulieren.

Private Akteure besetzen also Handlungsfelder, die traditionell Sache der Politik waren. Gleichzeitig wächst die Unzufriedenheit vieler Bürger mit politischen Entscheidungen und brave Bürger mutieren zu Wutbürgern. Wie sollten »Entscheider« sine ira et studio – also angemessen – darauf reagieren?

Bisher hatten wir die Frage der Rollenverteilung zwischen Staat und Bürgern zu sehr auf Fragen der Finanzierung verengt: Wie viele Mittel soll der Staat zur Verfügung stellen und wo sollten lieber die Bürger ermutigt werden, selbst Gelder mit einzubringen. Das genügt nicht mehr, wenn die Unzufriedenheit mit der Art, wie Parteien zu Entscheidungen kommen, weiter steigt. Wenn man nicht mehr nachvollziehen kann, wie gewisse Entscheidungen begründet werden, und wenn man miterlebt, wie zum Beispiel auch leider manche Gründe für wichtige Entscheidungen im politischen Betrieb verschleiert werden. Solange Politik nicht angemessen auf diesen stark erhöhten Anspruch nach Akzeptanz und Beteiligung reagiert, wird das weiter gären.

Wir haben heute einen sehr hohen Bildungsstand in der Bevölkerung, aber wir haben es versäumt, neben den üblichen Prozessen zur Willensbildung über Parteien parallele Wege aufzubauen, die Bürgern die Möglichkeit geben, selbst auf bestimmte Entwicklungen Einfluss zu nehmen. Es wird in Zukunft darauf ankommen, die Infrastruktur für solche Prozesse besser auszubauen.

Es geht um neue Möglichkeiten für Bürger, sich finanziell, aber auch mit persönlichem Engagement unmittelbar sich für das einzusetzen, was sie selbst betrifft …

… und wo sie auch die Kapazitäten, vor allem die intellektuellen Fähigkeiten haben, auf diese Felder mit einzuwirken. Das kann man auch daran ablesen, dass sich Eltern immer stärker an der Organisation von Kindergärten und an der Reorganisierung oder der Neugründung von Schulen beteiligen. Aber Bürger möchten auch an der Lösung größerer gesellschaftlicher Fragen wie Verkehr und Energieversorgung beteiligt werden, wo es um ihr unmittelbares Lebensumfeld geht. Dies wird eine der wichtigsten zukünftigen Fragen der Entwicklung unserer bürgerlichen Gesellschaft werden. Hier entscheidet nicht die Frage, wer das Geld gibt und wie man Umverteilungsprozesse gestaltet, sondern wo die Verantwortungen liegen sollten. Wer kann sich beteiligen und engagieren, um gesellschaftliche Veränderungen herbeizuführen?

Ist das nicht alles zu drastisch gezeichnet?

Nur eine verschwindende Minderheit der Wähler glaubt noch, dass sie durch Teilnahme an Wahlen Politik maßgebend mitbestimmt. Ich halte das für ein Warnzeichen für die Demokratie. Die aktuelle Serie von Teildebatten wird dazu führen, dass es auch die Politik begrüßen wird, wenn wir in manchen Bereichen weniger Staat und mehr privates Engagement erfahren werden.

Also dann: Bühne frei für einen echten Stiftungsboom à la USA?

Was die Gesellschaft als grundsätzliches Problem erkennen muss, ist die Frage, wie man es moderieren und organisiert, dass diejenigen, die zu Vermögen gekommen sind, dieses Vermögen zumindest teilweise wieder an ihre Gemeinschaft zurückgeben. Die Amerikaner bezeichnen diese Umverteilungsfunktion als wesentliche und erste Funktion ihres Stiftungswesens. Diejenigen, die Vermögen erworben haben, erhalten die Möglichkeit, einen Teil dieses Vermögens selbstbestimmt an die Gesellschaft zurückzugeben. Das ist gut für die Gemeinschaft und gut für den Geber. Man muss den Bürgern die Mög-

lichkeiten zu diesem freiwilligen Engagement eröffnen. Dafür brauchen wir Instrumente. Und das Interessanteste dieser Instrumente ist die Stiftung.

Ob sich in Deutschland eine Stiftungskultur wie in den USA durchsetzen kann, bleibt abzuwarten. Die Kultur in den USA betont stärker die Freiheit des Einzelnen, seine Unabhängigkeit vom staatlichen Eingriff. Das hat mit dem expansiven Raumgefühl, dem angloamerikanisch geprägten »Spirit« des Entdeckens und Erforschens unbekannter Räume zu tun. In Europa gab es schon immer weniger Platz für den Einzelnen und damit auch für individualisiertes Handeln angesichts einer Staatsmacht, die hier eine viel längere Tradition hat. Wie man beobachten kann, haben beide eindeutigen Modelle gerade ihre liebe Not, sich an aktuelle Herausforderungen anzupassen. Man ringt in den USA um einen neuen Ausgleich zwischen Staat und Privat, wie man an den Diskussionen um die Einführung eines öffentlichen Gesundheitswesens gut ablesen kann. Ich glaube, es kommt hier immer auf den richtigen Mix an – jenseits einseitiger Ideologien, die das eine hochjubeln und das andere verteufeln.

Neben Stiftern engagieren sich Unternehmen verstärkt im Bildungssektor. An Hochschulen kommen Stiftungsprofessuren in Mode. E.ON zum Beispiel beteiligt sich an der RWTH Aachen an einem neuen, opulent ausgestatteten Forschungszentrum zu neuen Energien. Die Telekom gründete gemeinsam mit der TU Berlin die »Telekom Laboratories«, Google engagiert sich ebenfalls in der Hauptstadt mit einem Institut zur Erforschung von Internet und Gesellschaft. Nicht alle brechen da in Jubel aus, manche befürchten schon das Ende der freien Forschung.

Unternehmen unterstützen ein bestimmtes Forschungsfeld, von dem sie glauben, dass es im gegenwärtigen Hochschulangebot nicht ausreichend repräsentiert ist. Von daher haben Unternehmen inhaltliche und thematische Vorstellungen, wenn sie Stiftungsprofessuren einrichten oder Stipendien vergeben. Sie verbinden das nach unserer Erfahrung aber nicht intentiös mit konkreten inhaltlichen Vorstellungen, was denn genau mit der Forschung bewirkt werden soll. Sie wollen auch nicht ihre eigene Forschung auslagern. Das wird aber oft als Kritikpunkt regelrecht konstruiert, weil man befürchtet, dass Forschungsergebnisse mit gesellschaftlich relevanter Wirkung vom finanzierenden Unternehmen nach dessen Willen gestaltet werden. Unsere Erfahrung im Stifterverband ist, dass es keine solche Lenkung im Hintergrund gibt. Es gibt schon konkrete Vorstellungen von Unternehmen, auf welchen Feldern die Lehrstühle, die unterstützt werden, forschen und in welchen Bereichen neue Erkenntnisse gewonnen werden sollen. Wir kennen aber keine Fälle, wo man zweckgerichtet Meinungsprozesse und Forschungsergebnisse beeinflussen wollte. Und bei den Lehrstühlen, die wir verwalten, trifft das schon mal gar nicht zu.

Was sind die Prioritäten, nach denen Unternehmen die Entscheidung fällen, sich an einer Hochschule zu engagieren?

Gelder von Unternehmen gehen verstärkt an private Hochschulen, wenn sie dort zu erkennen glauben, dass eine gewisse Flexibilität herrscht, ein schnelleres Eingehen auf Erwartungshaltungen, etwa weil dort schneller neue Technologien adaptiert werden und neue Forschungsrichtungen sowie neue Teildisziplinen integriert werden. Das muss nicht unbedingt akademische Forschung beinhalten, das relativ schnelle Reagieren auf einen praxisorientierten Ausbildungsbedarf ist Unternehmen oft wichtiger. Sie investieren in Gebieten, wo sie Nachwuchsmangel erkennen, wo Einstellungspotenzial existiert.

Es kann für ein Unternehmen auch sinnvoll sein, eine Partneruniversität in seiner umliegenden Region zu finden, die in den Forschungszweigen, die für das Unternehmen wichtig sind, leistungsfähiger werden könnte, zum Beispiel, indem man gemeinsam über Stiftungsprofessuren einen Exzellenznukleus schafft – also ein Institut, in dem beste Arbeitsbedingungen herrschen, das die besten Forscher anzieht und das durch seinen Praxisbezug auch für gute Studierende attraktiv wird. Solche Vorteile sind nur langfristig zu erreichen. Ein Unternehmen, das schnell nur anwendungsbezogene Ergebnisse erreichen möchte, ist an so einem partnerschaftlichen Modell gar nicht interessiert. Warum soll es aber – wo die Partnerschaft klappt – nicht später zu langfristigen Transferleistungen kommen, von der Grundlagenforschung am Institut hin zu Anwendungen, von denen das beteiligte Unternehmen profitiert?

Ich glaube, wir unterschätzen noch, wie stark sich Unternehmen in der heutigen Zeit für neue Lösungen öffnen müssen. Gute Unternehmen suchen Anreize, Provokationen von außen, und genau das sollte auch die Stärke von Hochschulen sein. Für solche partnerschaftlichen Modelle braucht es Respekt für die jeweilig andere Kultur. Unternehmen müssen also verstehen, wie Hochschulen funktionieren, und umgekehrt. Auch deswegen werden Karrierewege, die Brücken zwischen beiden Kulturen schlagen, wichtiger.

Jetzt sollen Public-private-Partnership-Modelle neue Plattformen für gemeinsames Handeln von Staat und Bürgergesellschaft entwickeln. Beim Deutschlandstipendium, dem bekanntesten dieser neuen Modelle, geht es aber nur zögerlich voran.

Als Modell der Kopplung von privaten Stipendien von Unternehmerseite mit einem staatlichen Zuschuss ist das Deutschlandstipendium in der Bundesrepublik völlig neu. Das hat eine Reihe von Diskussionen ausgelöst. Wir im Stifterverband glauben, dass sich solche Lösungen langfristig durchsetzen werden, wenn alle Beteiligten – also die Ministerien, die das Stipendium mitfinanzieren, sowie die Hochschulen, die Stipendien einwerben, und die Unternehmen, die sie finanzieren – ihre ersten Erfahrungen gesammelt haben. Public-private-Partnerships wirken wie Brücken, die Unternehmen ermutigen, sich mehr an Hochschulen zu engagieren. Solche Brücken zwischen Unternehmen und Hochschulen gibt es schon auf vielen Feldern – über Stiftungsprofessuren, über Austauschprozesse, über Forschungsvorhaben. In Zukunft wird es zunehmend parallele Wege der Finanzierung geben, mit und eben ohne private Beteiligung. Bei den Stipendien werden wir die klassische Unterstützung einzelner Studierender weiter betreiben.

Auf jeden Fall wird die Verantwortung des Staates, für Bildung und Wissenschaft eine stabile Grundversorgung sicherzustellen, bestehen bleiben. Parallel bietet zum Beispiel das Deutschlandstipendium eine neue Möglichkeit der Zusammenarbeit zwischen Staat, Hochschulen und Unternehmen als neue privat-öffentliche Partnerschaft. Solche Modelle sind nötig, denn ohne engere Zusammenarbeit aller gesellschaftlich Beteiligten wird Hochschulpolitik in unserem Land unterfinanziert bleiben. Stattdessen sollten Staat und Private neue Gelegenheiten nutzen, zusammenzuarbeiten und dabei voneinander zu lernen.

ANDREAS SCHLÜTER

Andreas Schlüter ist seit 2005 Generalsekretär des Stifterverbandes. Zuvor war er viele Jahre für den Bertelsmann-Konzern sowie für das Goethe-Institut tätig. Der promovierte Jurist gilt als ein renommierter Experte für internationales Stiftungsrecht. Seit 2003 lehrt Schlüter an der rechtswissenschaftlichen Fakultät der Universität zu Köln. 2008 erhielt er dort den Ruf auf eine außerplanmäßige Professur.

Klaus Kinkel

HOLT DIE TALENTE VON DER RESERVEBANK

Wer das deutsche Bildungssystem stärken will, muss die Lehrer im Land besser ausbilden, meint Klaus Kinkel, Vorsitzender der Telekom-Stiftung. Ein Gespräch über die Defizite staatlicher Bildungspolitik, die Probleme des Föderalismus und die Idee des Bildungssparens.

Frei heraus, was sind die aktuell schlimmsten Defizite der Bildungspolitik?

Mir fehlt die Fokussierung auf die wirklich wichtigen Stellschrauben. So nehmen die Universitäten die Lehrerausbildung insgesamt, aber vor allem die Lehrerausbildung in den MINT-Fächern, bei Weitem nicht so ernst, wie es dringend geboten wäre. Lassen Sie es mich drastischer formulieren: Bei den Fächern, die mit Mathematik, Informatik, Naturwissenschaften oder Technik zu tun haben, läuft an den Universitäten die Lehrerausbildung quasi nebenher. Gute Pädagogik, neue Techniken der Wissensvermittlung sind in der Ausbildung Nebensache. Hauptsache, die jungen Lehrer von morgen bestehen ihre Fachprüfungen. Niemanden kümmert es, ob sie ihrer pädagogisch-didaktischen Aufgabe vor der Klasse gerecht werden. Hier müssen die Hochschulen umdenken, denn gerade in den MINT-Fächern brauchen wir guten Nachwuchs. Dabei ist jenseits der nötigen Masse auch ein Qualitätssprung in der Ausbildung erforderlich. Nur so kann es gelingen, bei den Kindern und Jugendlichen wieder mehr Begeisterung für Naturwissenschaft und Technik zu entfachen. Stattdessen haben viele von ihnen immer noch Angst vor den angeblichen Schreckensfächern Mathematik und Physik.

Ihre Vorschläge bitte.

Erstens müssten die Universitäten endlich die immense Bedeutung der Lehramtsfächer anerkennen. Zweitens müsste die Politik den Druck bei diesem Problem erhöhen. Wenn etwa ein Politiker klipp und klar sagt: »Ich als Ministerpräsident möchte, dass die Universitäten in meinem Land ihre Anstrengungen in Sachen Lehrerausbildung deutlich verbessern«, würde das helfen. Es liegt doch auf der Hand: Ohne gute Lehrer kann es keine zufriedenstellende Bildung geben. Viele bürgerliche Elternhäuser bilden heute Doppelverdienerhaushalte. Sie können Kindern dabei vieles an Wissen, an Haltung nicht mehr vermitteln, was bürgerliche Haushalte mit nur einem arbeitenden Elternteil gewohnt waren zu leisten. Auch die Universitäten werden mittelfristig keinen vernünftigen Nachwuchs mehr erhalten, wenn wir jetzt nicht schnell mehr und bessere Lehrer ausbilden, die dafür sorgen, dass möglichst alle Talente gefördert werden.

Was wäre noch nötig?

Mehr Konzentration auf frühkindliche Förderung, die Übergänge zwischen den Bildungsstufen reibungsloser gestalten, die Zahl der Bildungsverlierer – in der Regel sind das die Jungen – drücken und uns vor allem mit Blick auf die MINT-Fächer jener Gruppe widmen, die hoch motiviert ist: den Mädchen. **Wir spielen in Deutschland nach wie vor mit der Hälfte auf der Reservebank.** Was Spitzenjobs, was die MINT-Fächer betrifft oder Karrierechancen für Frauen an Universitäten, in der Wirtschaft und in sonstigen Spitzenpositionen, bleiben wir im Vergleich zu anderen Ländern zurück. Ein riesiges Innovationspotenzial bleibt so ungenutzt. **Beim Thema Bildung rappelt es inzwischen gesellschaftlich etwas in der Kiste, aber der notwendige Orkan fehlt.** Diese drei, vier Stellschrauben sowie weitere zentrale Fragen müssen wir zum Primat der Bildungspolitik machen. Die Landesregierungen müssen damit aufhören, nach jeder Neuwahl mit einem Reförmchen das gesamte Schulsystem umzukrempeln, um sich mit dem Thema

Bildung zu profilieren und dafür einmal mehr an Schulen unnötige Unruhe zu verbreiten.

Sie sagen auch, viele Talente kämen gar nicht zum Zug.

Es ist nun mal leider so, dass in Deutschland, stärker als in anderen Ländern, die Startchancen absolut ungleich sind. Migrationshintergrund und sozial schwacher Bildungshintergrund verhindern häufig von Anfang an potenzielle Talentförderung. Dabei muss klar sein, dass wir hier von Menschen sprechen, die vom Intellekt her genauso wie alle anderen in der Lage sind, zu erbringen, was die Gesellschaft an Leistung einfordert, um in ihr bestehen zu können. Gleichzeitig geht uns in den Wachstumsregionen der Republik der gute Nachwuchs aus. Wir verbreitern seit 20 Jahren unsere Bildungselite nicht mehr, sondern reproduzieren eine Spitze und nennen das »Bildungsbürgertum«. Welch eine Verschwendung von Lebenschancen in einem immer noch reichen Land.

Sie sind kein besonderer Freund des deutschen Bildungsföderalismus.

Die Föderalismusreform muss meiner Meinung nach revidiert werden. Der Bund benötigt wieder mehr Kompetenzen in der Bildungspolitik. Daher muss das Kooperationsverbot zwischen Bund und Ländern fallen, weil es die erforderliche Zusammenarbeit in Bildungsfragen verhindert. Wir haben in Deutschland über zigtausend Lehrpläne für 16 Länder. Wir haben einen Kindergarten-Bildungsplan-Salat, der unbeschreiblich ist. Wir haben Erzieherinnen, die nicht gut genug ausgebildet sind, sich dennoch stark engagieren. Dasselbe gilt für viele Lehrer.

Die Länder, die in der Bildungspolitik nichts abgucken wollen, sind nun mal im Bildungsbereich zu vielem nicht in der Lage, was sie angeblich leisten können. Aber haben Sie schon einmal einen Landespolitiker sagen hören, dass es in seinem Bundesland in der Lehrer- oder Erzieherinnenausbildung Defizite gibt? Wissen Sie, warum das keiner sagt? Weil Politiker dann zugeben müssten: »Ja, andere machen das besser.« Die Länder machen sich gegenseitig Konkurrenz mit unterschiedlichen Bildungsmodellen. Als Ergebnis können Eltern mit ihren Kin-

dern nicht mehr von einem Bundesland ins andere umziehen, ohne dass Schule zum Problem wird. Gleichzeitig wird möglichst wenig Transparenz zugelassen, der Erfolg oder Misserfolg verschiedener Schulen und Kitas auch über Ländergrenzen hinweg von der Politik nicht gemessen und schon gar nicht miteinander verglichen, weil alle die Konkurrenzsituation fürchten. Das ist bizarr.

Niemand bestreitet die vielen Vorteile des Wettbewerbsföderalismus auch in Bildungsfragen.

Und die Bundesbildungsministerin erklärt ausdrücklich, dass sie nicht die Bundeshoheit über die 44.000 Schulen der Republik haben will. Ich möchte die Leistung der Länder, gemeinsame Bildungsstandards eingeführt zu haben, nicht schmälern. Aber die Umsetzung dieser Bildungsstandards müsste weit schneller vorangetrieben werden – warum nicht gemeinsam mit dem Bund? Geld des Bundes nehmen die Länder gern an, aber mitreden soll er nicht. Es ist fast lächerlich, dass das Grundgesetz Bund und Ländern die Zusammenarbeit im Bildungsbereich nur gestattet, wenn es um die Feststellung seiner Leistungsfähigkeit geht, das heißt bei Studien und Analysen. Gleichzeitig haben wir 20 Prozent Risikoschüler, fast 70.000

Schulabbrecher pro Jahr und neben unserer dualen Ausbildung ein sogenanntes Übergangssystem, in dem 400.000 Jugendliche Warteschleifen drehen. Wir investieren nicht die notwendigen Ressourcen – vor allem in der frühen Bildung und in der notwendigen Unterstützung von Risikoschulen. Statt anzupacken, streiten sich Bund und Länder, wer eigentlich wo hinfassen darf.

Sie setzen sich für neue Methoden ein, um Bildung zu finanzieren, zum Beispiel für das sogenannte Bildungssparen.

Das ist nur ein Ansatz zur Besserung. Bildungssparen bedeutet, dass der Einzelne für Kinder oder Enkel bereit ist, etwas einzubringen. Natürlich ist man hierfür offener, wenn der Staat entweder auch etwas dazugibt oder eine Steuererleichterung anbietet. Dann gibt es das Modell Bildungssparen, das mit unternehmerischem Tun verbunden ist. Ein Unternehmen könnte sich zum Beispiel entschließen, seinen Kunden anzubieten: »Wenn Sie dieses oder jenes Produkt bei mir kaufen, erhalten Sie 50 Cent zurück, die für ein Bildungsguthaben eingezahlt werden.« Dieses Geld geht dann in einen gemeinsamen Topf, in den Privatpersonen selbst ebenfalls einzahlen. Wie gesagt, das ist nur ein Denkmodell.

Wie könnte ein Arbeiter oder Arbeitnehmer mit unterdurchschnittlichem Lohn bei so einem Modell die nötige Sparsumme aufbringen?

Das klappt wahrscheinlich nur über ein mit der Wirtschaft gekoppeltes Sparmodell. Aber auch hier wäre es wiederum für Firmen interessanter, einzusteigen, wenn die Aktion vom Staat entweder direkt oder über Steuererleichterungen mitfinanziert wird, wenn wiederum alle beteiligten Parteien – Privatpersonen, die sparen möchten, das unterstützende Unternehmen und der Staat – in einen gemeinsamen Topf einzahlen. Sind solche Modelle naiv? Mittlerweile hat die Wirtschaft erkannt, dass sie in Sachen Bildung eine gesellschaftspolitische Verantwortung hat – wegen des eigenen Bedarfs, aber auch im Eigeninteresse einer an der Gemeinschaft orientierten Verantwortlichkeit. Das hängt natürlich noch sehr stark von einzelnen Personen ab, die hier Vorbildfunktion haben. Es gibt gerade im Mittelstand tolle Beispiele, Firmen, die sich extrem in Sachen Bildung und Bildungsförderung engagieren, nicht nur über Stiftungen. Andere Unternehmen hingegen tun noch gar nichts.

Ich nehme an, Sie sprechen nun ein weiteres Ihrer Lieblingsthemen an – die chinesische Bildungsexplosion.

China investiert mit enormem Tempo in Bildung, Forschung und Innovation und wird in wenigen Jahren die Früchte dieser Anstrengungen ernten. US-Firmen beklagen schon seit Längerem, dass chinesischstämmige Absolventen amerikanischer Eliteunis nicht mehr in Amerika bleiben, sondern in das ursprüngliche Herkunftsland ihrer Familie zurückkehren. Die haben sicher nicht vor, da weitere Billigproduktionsstätten aufzubauen. Nein, in China entsteht gerade eine neue Hightech-Kultur. Das kann auch für Deutschland Chancen eröffnen, aber wir müssen uns darauf einstellen. Wir müssen uns überlegen, was wir mittelfristig überhaupt noch anzubieten haben. Auch wegen solcher Trends ist für eine bedeutende Industrie- und Technologienation wie Deutschland, die auf Innovationen entscheidend angewiesen ist, um Wachstum und Wohlstand zu sichern, das schlechte Abschneiden im Bildungsbereich auf keinen Fall mehr hinnehmbar. Wir müssen vorausschauen. Die Entwicklung frisst uns schon heute Substanz weg.

KLAUS KINKEL

Klaus Kinkel ist Vorsitzender der Deutschen Telekom Stiftung in Bonn. Bis zum Oktober 1998 hatte Kinkel zahlreiche öffentliche Ämter inne, unter anderem war er von 1979 bis 1982 Präsident des Bundesnachrichtendienstes. In den Jahren 1991 bis 1992 stand er dem Bundesjustizministerium vor. Von 1992 bis 1998 war Kinkel Bundesaußenminister und in dieser Funktion ab 1993 auch Stellvertreter des Bundeskanzlers. Seit Februar 2004 ist Klaus Kinkel Vorsitzender der Deutschen Telekom Stiftung, die sich für ein verbessertes Bildungssystem in den Fächern Mathematik, Informatik, Naturwissenschaften und Technik einsetzt.

CROWDFUNDING
FORSCHUNGSUNION
WIRTSCHAFT UND WISSENSCHAFT
GRÜNDERKULTUR
SOCIAL ENTREPENEURS
BLUE ECONOMY
SOFTWARE EATS THE WORLD?
RISIKOKAPITAL
INDUSTRIE 4.0
UNTERNEHMEN OHNE GRENZEN
DEMOGRAPHISCHER WANDEL
INCUBATOREN
BASIS-INNOVATION

ENTERPRISING KNOWLEDGE

Säulen des Wissens

Allyson Reed

CLUSTER, SCHNITTSTELLEN, SYNERGIEN

Über neue Formen der Zusammenarbeit zwischen Staat, Universitäten, Wirtschaft. Wie können Hindernisse in der Innovationsförderung abgebaut werden? Ein Gespräch mit der britischen Technologie-Expertin Allyson Reed über die Erfahrungen des staatlich finanzierten Technology Strategy Board in Großbritannien.

Das Technology Strategy Board soll Hindernisse für Innovationen abbauen. Wie geht das?

Das Technology Strategy Board wurde 2007 durch die britische Regierung ins Leben gerufen und wird vom Wirtschaftsministerium mit einem jährlichen Budget von 300 Millionen Pfund finanziert. Obwohl es eine öffentliche Körperschaft ist, arbeitet das Board nach wettbewerbsorientierten Kriterien und ist keiner staatlichen Organisation direkt zugeordnet. Unsere Aufgabe ist es, wichtige Player der britischen Wissenslandschaft zusammenzubringen. Seit 2007 haben wir mit mehr als 4.000 Unternehmen und mit fast allen Universitäten in Großbritannien in einer Vielzahl unterschiedlicher Arten zusammengearbeitet. Was wir tun? Wir fördern Innovationen, indem wir Gelegenheiten erkennen und sichtbar machen, potenzielle Partner miteinander bekannt machen, bereits existierende Netzwerke mit anderen verbinden, Mittel und Know-how zur Verfügung stellen, um Unternehmen jeder denkbaren Größe zu helfen, exzellente Ideen in Produkte und Dienstleistungen zu verwandeln.

Echtes Wirtschaftswachstum entsteht doch vor allem durch das Entwickeln von Hightech-Innovationen und deren industrielle Umsetzung. Deswegen fördern, unterstützen und investiern wir in die Entwicklung und Kommerzialisierung neuer Technologien. Wir organisieren Netzwerke für den Wissenstransfer zwischen Hochschulen, Spin-offs und Unternehmen. Wir entwickeln kollaborative Partnerschaften für Forschung und Entwicklung und schaffen Initiativen für mehr Forschung in kleinen Unternehmen, Programme zum Wissenstransfer und so weiter.

Die europäischen Länder gehen schwierigen Zeiten entgegen. Warum gründete die britische Regierung ausgerechnet jetzt eine dermaßen große und teure Organisation?

Unsere Gründung im Jahr 2007 kam genau richtig. Jetzt ist die Zeit, in der die industrialisierten Länder ihre Stärken wirklich ausspielen und zusammenbringen müssen: ihre Universitäten, Firmen, das Venturecapital. Verschiedene gesellschaftliche Bereiche müssten viel gezielter, methodischer zusammenkommen und miteinander arbeiten. In Großbritannien spürt man bereits an vielen Universitäten deutlich einen Trend Richtung unternehmerische Aktivität. An vielen Hochschulen blühen Gründerinitiativen, Universitäten spezialisieren sich, mehr Absolventen denn je gründen ihre eigenen Unternehmen. Diese innovativen Szenen an Universitäten, die jungen Forscher, aber auch Firmengründer, potenziell interessierte Unternehmer und Investoren jenseits des Campuszauns – all diese Gruppen müssten dringend viel stärker und auch schneller untereinander vernetzt werden. Deswegen entwickeln und pflegen wir Netzwerke, machen über eigene Events auf interessante Entwicklungen aufmerksam, sorgen dafür, dass wichtige Studien bekannter werden und schaffen Anerkennung und Identität innerhalb neuer Netzwerke durch Events und Preise.

Gerade zu Beginn einer besonders vielversprechenden Firmengründung helfen wir Spin-offs durch finanzielle Garantien und durch gezielte Coaching-, Mentoring- und Networking-Programme.

Sie sehen Wissensgesellschaft vor allem als Netzwerk für potenzielle Business-Ideen?

Innovationen durchlaufen heute verschiedenste Stadien an verschiedenen Orten – darunter Universitäten, Start-ups in Inkubatoren am Campus, staatliche wie private Forschungszentren, Wissenschaftsparks, Technologie- und Innovationszentren und so weiter. Das sind alles Teile eines Systems. Man sollte das zusammendenken. Überall an diesen Orten entsteht Innovation. Was wir heute erleben, ist, wie sich eine eigentlich schon verwobene Innovationslandschaft gemeinsam weiterentwickelt.

Was das Verhältnis von Business und Universitäten betrifft: Viele an Universitäten tätige Wissenschaftler müssen jeden Tag wirtschaftlich handeln, sie müssen zum Beispiel Leute einstellen, Gelder organisieren. Man kann sagen, auf viele Arten managen sie innerhalb der Universität ein eigenes Unternehmen. Die Herausforderung, dabei Marktgesetzen ausgesetzt zu sein, kann auch zu großen Forschungsleistungen und Erkenntnissen anregen. Andererseits braucht Innovation sehr viel Zeit, vor allem, wenn es um neue Technologien geht. Deswegen ist es für uns so wichtig, Kooperationen, die über viele Jahre laufen, zu begleiten und aufrechtzuerhalten.

Auf einer Tagung des Stifterverbandes sagten Sie, die Universität werde wieder zur Agora – zu einem vibrierenden Zentrum urbaner Gesellschaft.

Ja. Im antiken Griechenland stand die Agora für den Platz, an dem sich die wichtigen Player der Gesellschaft, die Veränderung und Wissen vorantreiben, treffen und austauschen konnten.

Ist das nicht ein wenig dick aufgetragen?

Keineswegs. Akademiker, Unternehmer und Investoren spüren und wissen, dass es wieder wichtiger wird, Grenzen zu überschreiten und sich auszutauschen. Dabei können Universitäten als Magnet für die Gesellschaft um sie herum agieren. Sie haben einen sozialen und kulturellen Einfluss. Wir sollten Universitäten nicht nur als Quellen des Wissens oder als verwaltende Institutionen für intellektuellen Besitz ansehen. Universitäten entwickeln sich heute von monodisziplinären Institutionen in etwas, was der niederländische Wissenschaftler Hans Wissema »transfunktionale Know-how-Hubs« nennt.

Wissema meint damit eine völlig neue Kombination neuer Tätigkeiten der Universität.

So entstehen breit gefächerte Initiativen im Umfeld einer namhaften Universität, eine Kombination von Kollaborationsprogrammen mit externen Partnern, zum Beispiel mit Unternehmen oder privaten Forschungsinstitutionen auf dem eigenen Campus, aber auch Kooperationen zwischen Universitäten, Gründungsinitiativen, die Gründung von Inkubatoren und Technoparks, von Clubs für Business Angels und so weiter. Durch diese und ähnliche Aktivitäten entsteht eine völlig neue Mixtur am Campus. Und das entwickelt sich weiter. Mit der Zeit gründen sich Spin-offs aus der Universität heraus, ziehen Gelder und Aufmerksamkeit auf sich, bleiben dabei aber der »Stamm-Universität« verbunden. Inkubatoren wiederum, die diese jungen Unternehmen von Beginn an erfolgreich begleitet haben, werden bei Investoren und Unternehmen bekannter, dasselbe gilt für die Science Parks am Campus.

Daraus entstehen Cluster ...

... die für Investoren ebenso interessant werden wie für Unternehmen, die verstärkt neue Möglichkeiten zur Kollaboration suchen. So entstehen Wertschöpfungsketten. Solche Aktivitäten und Trends können darin münden, dass Hochschulen als Ankerpunkte für neue Branchen und neue Gründungstrends dienen, besonders innerhalb von Regionen, in denen sich Cluster für und innerhalb von Wachstumsbranchen bilden.

Ich bin davon überzeugt, dass dieses professionelle Vermischen von wichtigen Gruppen und Personen in und um den Campus überhaupt erst begonnen hat. Sehen Sie sich die aktuelle Entwicklung an Universitäten wie Cambridge, Leuven oder der TU in München an.

Wie könnten Universitäten besser mit Unternehmen, externen Forschungsinstituten, Gründern und Investoren zusammenarbeiten? Wie überhaupt gemeinsame Ziele entdecken?

Ich sehe nicht nur einen Wandel an den Universitäten, sondern auch in der Wirtschaft und beim Investitionsklima. Wir fördern vor allem ehrgeizige, schnell wachsende kleine und mittlere Unternehmen aus neuen Branchen und motivieren diese, sich enger mit Universitäten zu verbinden, damit sie den Wert aktueller Forschung in Kooperationen ausmachen und für sich nutzen können. Dafür müssen Erfahrungswerte aufgestellt werden: Haben junge wachstumsintensive kleine und mittlere Unternehmen andere Bedürfnisse als andere etwa größere Firmen? Und warum ist das so? Wie schaffen es Universitäten, sich so aufzustellen und zu kooperieren, dass es zu besseren *deal flows* mit Unternehmen kommt? Wie könnten ähnliche Forschungsfelder am Campus miteinander kombiniert werden, damit eine kritische Masse entsteht und Produkte kommerzialisierbar werden? Es ist unser Job, solche Fragestellungen ebenso zu erkennen wie gute Lösungen im »Feld« und uns in der Förderpolitik gezielt auf das Gelernte einzustellen.

Wie helfen Sie Universitäten, damit diese das alles überhaupt bewerkstelligen können, was Sie fordern?

Wir unterstützen Aktivitäten, die für Universitäten generell wichtiger werden: Ausgründungen organisieren, mit der Wirtschaft zu kooperieren. Oft ist die Vermittlung von Know-how hilfreich. Erfahrungswissen zur Kommerzialisierung von intellektuellem Besitz zum Beispiel oder Beratung während der Teilnahme in Forschungsverbünden. Wir stellen auch temporär Personal zur Verfügung, organisieren den Austausch von Personal und das Training. Mit den Universitäten entwickeln wir gemeinsame Programme, die nicht nur die Technologieentwicklung vorantreiben, sondern auch Investoren das Vertrauen geben, dass in der jeweiligen Zukunftsbranche von staatlicher Seite her lang anhaltend investiert wird. Ein Beispiel ist unser Engagement mit verschiedenen Partnern zur Entwicklung von Elektroautos. Mittlerweile gibt es über 300 Prototypen. Der Fokus liegt darauf, im Rahmen der Projekte auch wirklich unterschiedliche Partner zusammenzubringen, die auf normalem Weg eher unwahrscheinlich zu Kooperationen gelangt wären. So entstehen innovative Wertschöpfungsketten, die im Idealfall einen gemeinsamen und schnellen Markteintritt ermöglichen.

Was muss generell erreicht werden, damit sich nachhaltige Wissensgesellschaften im 21. Jahrhundert entwickeln können?

Wir wissen, dass für viele junge Unternehmen das Investment zu oft zu spät kommt, zu zögerlich, um Wirkung zu erzielen. Aber in Märkten mit globaler Konkurrenz wird Erfolg entscheidend davon abhängig sein, ob wir neues Wissen effektiv nutzen und die Bedeutung von guten neuen Ideen überhaupt erkennen. Besonders für Gründer kann es schwierig werden, hier einen echten Business Case zu finden, der die Investoren überzeugt. Ich glaube, die ganz frühe Gründungs- und Entwicklungsphase von Start-ups ist wirklich entscheidend. In diesem Zeitfenster entscheidet sich, ob eine Innovation leben oder wieder verschwinden wird. Also wird für sie das sehr frühe, das sogenannte *seed-* und *preseed-funding* für dieses Zeitfenster sehr wichtig. Viele junge Unternehmer im Hightech-Bereich nehmen ihren Betrieb auf, ohne das Potenzial ihrer Innovationsprozesse gründlich zu Ende gedacht zu haben. Dies ist ein wichtiger Grund, warum Start-ups oft nicht genügend Startkapital erhalten. Hier hilft eine sehr frühe Beratung. Den Gründern muss klar werden: Ein gutes Produkt reicht heute oft nicht. Sogar ein sehr gutes Produkt garantiert keinen

Erfolg bei Investoren. Man muss gleichzeitig bei der Produktentwicklung genau durchdenken, was man da eigentlich tun wird, was das bedeutet, was sich daraus für potenzielle, auch größere Partner entwickeln könnte.

Alle diese Fragestellungen drehen sich um die sehr frühen Stadien von Gründungen kleiner und mittlerer Unternehmen. Dies ist meiner Meinung nach der vielleicht wichtigste Dreh- und Angelpunkt, um den herum die Wissensgesellschaft von morgen wachsen wird. **Denn es sind die kleinen Unternehmen, die Wandel und Wachstum provozieren.** In Großbritannien sind sechs Prozent der kleinen Unternehmen für 50 Prozent der Neueinstellungen verantwortlich. Hier müssten Regierungen, Hochschulen und auch die großen Unternehmen gemeinsam noch viel genauer hinsehen.

Und generell?

Innovation ist zu einem Systemproblem geworden, in dem es viele verschiedene Player gibt, die verstärkt zusammenkommen müssen. Traditionelle und neue Branchen verbinden sich, das macht eine Breite von neuen Fähigkeiten und Playern notwendig. Länder wie Großbritannien oder Deutschland brauchen mehr gebündelte Anstrengungen, um öffentliche und staatliche Aktivitäten zusammenzubringen. Oft hat es auch damit zu tun, Top-down- mit Bottom-up-Ansätzen zu verbinden. Vor allem: **Es gibt kein einfaches Rezept mehr für Erfolg.** Dabei identifiziert der Board vor allem folgende Märkte als entscheidend für eine zukünftige echte Wirtschaftsentwicklung: Klimawandel, die alternde Gesellschaft, der Wunsch vieler Menschen nach Gesundheit und Wohlbefinden, Urbanisierung und die Notwendigkeit, wichtige Ressourcen wie Nahrung, Wasser und Energie zu sichern und nachhaltiger zu verbrauchen.

ALLYSON REED

Allyson Reed ist »Director for Enterprise and Communication« am Technology Strategy Board im südenglischen Swindon. Reed war unter anderem CEO bei Start-ups wie 3CRESEARCH, das sich auf neue digitale Medien spezialisiert. Bei britischen nationalen Forschungslaboren war sie für den Technologietransfer verantwortlich. Als Senior Managerin entwickelte sie Partnerprogramme für Innovation, unter anderem für Unternehmen im Gesundheitswesen, im Maschinenbau, in der Kommunikations- und der Militärindustrie.

Roland Harwood

OFFENE UNTERNEHMEN

Open innovation als Businessmodell der Zukunft? Ein Gespräch mit dem 100%Open-Gründer Roland Harwood über die Zukunft von Unternehmen in der Wissensgesellschaft und deren Suche nach der Weisheit der Masse.

In den vergangenen Jahren erlebte *crowdsourcing* einen Siegeszug. Unternehmen geben Projekte, die normalerweise durch eigene Mitarbeiter und Zulieferer abgewickelt wurden, an freie Netzwerke ab. Was bedeutet das und wie geht es weiter?

Unsere Welt vernetzt sich, für Unternehmer bedeutet das: Wirtschaftlicher Erfolg wird nicht nur durch fachliche Kenntnisse, sondern auch durch die Fähigkeit, mit eigenen Kontakten gewinnbringend umzugehen, bestimmt. Damit meine ich nicht Seilschaften im traditionellen Sinn, sondern auch, Kontakte einer Firma nutzbar zu machen. Beispielsweise mit Kunden, um aus deren Ideen und dem Wissen, das in solchen Netzwerken verborgen ist, Produktideen zu schaffen. Die Kunst, solche Netzwerke zu entwickeln und im richtigen Moment zu aktivieren, wird für viele Unternehmen wichtiger. In multinationalen Firmen wird bereits nach einem neuen Typ von Entwickler gefahndet, der zugleich auch sozialer Detektiv ist, wenn er außerhalb des Unternehmens Partner findet, mit denen er Entwicklungsziele seines Unternehmens gewinnbringend erreicht.

Ihr Beratungsunternehmen »100 %Open« hilft Firmen beim Sprung zu einer solchen »offeneren« Wirtschaftskultur – wie Sie es nennen. Gibt es Erfolgsbeispiele?

Unternehmen wie LEGO oder Procter & Gamble haben in den vergangenen Jahren Gewinne und Wachstum erzielt, weil sie die Kreativität und das Interesse ihrer eigenen Kunden an aktiver Beteiligung in neuen kreativen Communitys aktivieren konnten. Aus der Arbeit mit zum Teil virtuellen Netz-Communitys sind bei LEGO völlig eigene Produktreihen entstanden. LEGO schafft also Produktneuerungen, indem sie freie Plattformen von Entwicklern organisieren und moderieren, die normalerweise eigentlich gar nicht für diese Firma arbeiten. Procter & Gamble hatte vor zehn Jahren das Ziel ausgerufen, in Zukunft 50 Prozent ihrer Entwicklungen und Services »offen«, das heißt außerhalb des Unternehmens zu entwickeln – durch Konsumenten, Kunden, Zulieferer oder andere Partner. Seitdem konnte Procter & Gamble deutlich höhere Gewinne erzielen als ihre weltweiten Konkurrenten und sie schreiben ihren Erfolg diesem offenen Ansatz zu.

Was ist, wenn mich diese Idee abstößt, dass Leute von »außen« anfangen, die Entwicklungspolitik »meiner« Firma zu beinflussen?

Manche können sich das noch nicht vorstellen, aber Arbeit und Projekte werden verstärkt durch Netzwerke innerhalb und außerhalb der eigenen Firma organisiert und angeboten. Es werden neue Netzwerke von und mit Partnern von außerhalb wie auch innerhalb einer bestimmten Firma entstehen. In diesen Netzwerken finden sich Mitarbeiter anderer Serviceanbieter und Technologieanbieter, aber auch kreative Einzelgänger von außen, Designer, Investoren und so weiter. Im Sinne der Interessen ihrer Firma gilt es, solche heterogenen Teams zu »komponieren«. Hierfür braucht es Mut zur Vielfalt, Vertrauen und ein gemeinsames Ziel oder Anliegen. Es geht darum, Teams aktiv zusammenzustellen, die sich auf ihre eigene Art und Weise um Probleme und Möglichkeiten kümmern werden, die eine Firma interessieren und ihr nutzen. Dies impliziert, dass bei solchen offenen Projekten die Rolle des leitenden Managers zurückgedrängt und durch die Position des Ermöglichers und Informationsbrokers ersetzt wird. Also durch jemanden, der fähig ist, sinnvolle soziale Verbindungen zu erkennen und herzustellen und in den virtuellen Communitys die Firmenaufgaben übernimmt, Dynamik organisiert.

Ein neues Paradigma ist ja schnell definiert. Wie wird Ihre Vision im täglichen Geschäftsbetrieb umgesetzt?

Unsere Definition von *open innovation* ist es, neue Werte mit Partnern zu erschaffen, indem man Risiken und Belohnungen miteinander teilt. *Open innovation* bedeutet harte Arbeit für jeden. Es geht dabei nicht darum, dass man etwas für nichts bekommt. Man könnte auch sagen, es handelt sich um eine leicht täuschende Strategie, weil sie erst mal so offensichtlich und simpel daherkommt, aber wenn Sie tiefer graben, wird es schnell schwieriger und zugleich revolutionär. Man muss sich klarmachen, dass durch die Vernetzungsmöglichkeiten im Internet einige der besten Ideen von den unwahrscheinlichsten Orten und Menschen kommen werden. Dies wird auch die Einstellung und die Politik vieler Firmen zum Thema »intellektueller Besitz« verändern.

Hierfür muss man erst einmal Vertrauen zwischen mächtigeren und weniger mächtigen Innovationspartnern schaffen.

Für Procter & Gamble haben wir zum Beispiel einen Designwettbewerb mit kleinen und mittleren Unternehmen durchgeführt. Für dieses Projekt entwickelten wir, was wir einen *innovation airlock* nennen. Damit ist eine bestimmte Zeiteinheit gemeint – in diesem Fall 90 Tage –, eine definierte Summe Geld sowie weitere definierte Leistungen, Unterstützung und Ressourcen, die die kleineren Firmen erhielten, um sie vor dem größeren Partner abzuschirmen und gewissermaßen zu schützen. Der Schutz galt aber auch umgekehrt, denn große Firmen wie P & G scheuen davor zurück, Unmengen an Absichtserklärungen mit einzelnen kleinen Firmen abzuschließen, was für sie neben bürokratischem Aufwand auch administrative Unsicherheiten bedeuten würde, weil es sie dem Risiko aussetzt, dass sie bestimmte Vorhaben später nicht mehr umsetzen können.

Um solche Risiken zu minimieren, hatten wir als Dienstleister für P & G zuerst die passenden Communitys on- und offline gefiltert, die Player mit den innovativsten Ideen ausgesiebt und mit ihnen jeweils separate Verträge abgeschlossen. Wir haben dabei mit jeder kleineren Firma detailliert geklärt, wie man ihren jeweiligen Vorschlag entwickeln und absichern sollte. Waren wir so weit, wurde der jeweilige Innovationsvorschlag P & G vorgestellt. Damit konnte das jeweilige Unternehmen den für sie besten Eindruck machen und P & G konnte den Markt scannen und einschätzen. Gleichzeitig wurde der Kunde nicht mit dem Problem »Vorsicht, ungeklärter und nicht geschützter intellektueller Besitz – wie jetzt damit umgehen?« konfrontiert.

Der Schlüssel zum Erfolg eines solchen Airlock-Verfahrens ist der begrenzte Zeitraum. Das heißt, nach 90 Tagen wird strikt entschieden, ob der Auftraggeber, die »große Firma«, kommerzielle Verhandlungen einleiten möchte, wo und wie die Vertragsverhandlungen beginnen und ablaufen, ob man ein Produkt kaufen möchte und so weiter. Falls sich der große Partner dafür entscheidet, nicht weiterzumachen, fallen die Nutzungsrechte an den Ideen nach 90 Tagen zurück in die Hände der kleinen Firma oder des Erfinders, die es für den Wettbewerb oder für einen anderen Investor weiter nutzen können.

Dennoch: So als Unternehmen vorzugehen, erfordert Mut und einen anderen *mindset,* als oft durch viele Konkurrenzsituationen vorgegeben.

Innovation ist immer riskant. Es ist immer schwer, von Anfang an exakt zu errechnen, wie viel man für investiertes Geld zurückerhalten wird. In manchen Branchen schafft nur eine von hundert neuen Ideen oder Technologien die Amortisierung. Gleichzeitig wird heute klar ersichtlich, dass *crowdsourcing* und *open innovation* in vielen Branchen verstärktes Kundenengagement provozieren. Konsumenten mögen es, wenn bekannte *brands* und große Firmen ihnen zuhören. Sie mögen es auch, wenn sie die Chance erhalten, Dinge, die sie kennen, zu verbessern oder bessere Dinge zu entwickeln. Preise, Businessverträge, Angebote für eine Anstellung oder andere Belohnungen durch die akquirierende Firma schaffen einen *loop* – wenn auch nur durch einige wenige Prozent dieser Konsumenten oder Akteure von außen – und dadurch gelangen deutlich bes-

sere Ideen zurück zur Firma. Es entsteht einfach mehr Qualität. Die Quelle vieler neuer Ideen und Technologien sind oft kleinere Zulieferer oder andere kleine Firmen, Universitäten und Konsumenten, also eben auch innovative Outsider, die beitragen wollen. Die neuen Partner entwickeln die Innovationen zusammen. Die vielversprechendsten werden auf dem Markt ausprobiert. Möglich wird dies durch eine Vielzahl von zum Teil neuartigen kollaborativen Businessmodellen in Form von Lizenzdeals, Joint Ventures, Einkäufen und so weiter.

Letztendlich entwickelt sich für Firmen ein neues Spiel. Sie müssen in ihrem Bereich zum Partner der ersten Wahl für möglichst viele der besten Mitinnovateure »da draußen« werden.

Firmen sollten es anstreben, dass die klügsten Köpfe in ihrem Bereich ihnen und nicht jemand anderem ihre Ideen zuerst mitteilen. Großartige Leute und Ideen sind oft sowohl innerhalb als auch außerhalb eines Unternehmens zu finden. All diese Leute, die bestimmte Interessen teilen, werden durch das Internet miteinander verbunden, *open innovation* ist langfristig eine smarte Strategie, um in einer dermaßen verflochtenen Welt mitzuwachsen. Praktisch gesehen können Firmen jetzt ihre eigenen Gemeinschaften, *communities of interest*, digitalen Plattformen, Co-Branding-Modelle, kollaborativen Plattformen und so weiter entdecken und entwickeln und ihre eigenen Plattformen durch belohnende Crowdsourcing-Aktivitäten »steuern«.

Wie könnte ich mein nächstes Open-Innovation-Projekt einfacher und erfolgreicher gestalten?

Lassen Sie die Community die schwere Arbeit tun und vertrauen Sie ihr. Bei einem Co-Creation-Programm für E.ON waren wir zu Beginn des Projekts von der Zahl der Ideen überwältigt und fühlten uns unter starkem Druck, allen antworten zu müssen. Der Trick war, sich im richtigen Zeitpunkt zurückzulehnen und die Community wichtige Dinge unter sich regeln zu lassen. Gerade dafür brauchen Sie praktikable Auswahl-, Wahl- und Kommentarmechanismen, die es den Mitgliedern der Online-Community erlauben, die besten Ideen auszuwählen. Natürlich muss man sich von Zeit zu Zeit innerhalb der jeweiligen Community einschalten, wenn sie in eine Richtung davonläuft, die für Sie nicht optimal ist. Ist die Community und die Art der internen Kommunikation etabliert worden, sollte man ihr generell vertrauen und ihr die Zeit geben, Möglichkeiten durchzuspielen.

Und dann?

Finden Sie im Verlaufe der Wettbewerbsverfahren und Ausschreibungen das eine Prozent der besten Innovatoren und

Ideengeber in der jeweiligen Community. Dann untersuchen und verstehen Sie immer besser, was diese wirklich motiviert. Dieses Prozent wird sich langfristig wirklich engagieren. Es wird nicht nur über Preise, sondern auch über neue Möglichkeiten motiviert, sein Interesse und sein Können mit Gleichgesinnten zu teilen, für Ideen und Themen, die ihm wirklich am Herzen liegen.

Als Paradigma impliziert *open innovation* anscheinend eine optimistische Sicht bezüglich der weiteren Entwicklung unserer Gesellschaft.

Menschen und Organisationen, die in *open innovation* gut sind, haben fast immer eine höhere Business-Empathie. Diese ist dann nicht geheuchelt, sondern sie leisten wirklich mehr Einsatz, um andere Organisationen oder Personen besser zu verstehen und einen gemeinsamen *benefit* zu suchen. Das steht fundamental gegen dieses »Der Sieger bekommt alles«-Ethos, auf das sich viele Businesstheorien und -strategien berufen. Vielleicht ist *open innovation* ein Schritt in Richtung Empathiewirtschaft im Sinne, wie sie Jeremy Rifkin voraussagt.

Rifkin sagt, dass Märkte einst die Vorstellung einer Nation oder eines Nationalstaates erst geschaffen haben und dass es der nächste Schritt im Business ist, über den Nationalstaat hinaus entweder absolut global oder sehr lokal zu denken.

Für mich passt das gut zu unserer Erfahrung, dass die Größe wirtschaftlicher Aktivitäten sich von der Größe von Nationen oder Regionen wegbewegt – entweder auf eine globale und damit von Nationen unabhängige Größe oder wieder sehr lokal, also ortsgebunden wird. Viele Open-Innovation-Initiativen haben heute globale Auswirkung, weil sie webbasiert und technologiegetrieben sind. Ich sehe hier aber noch eine Lücke zwischen dem zielstrebigen Aufbau von Innovation-Networks mit hoher Reputation und der Notwendigkeit, verschiedene Gruppen von Leuten tatsächlich im gleichen Raum zusammenzubringen, damit man direkt herausfinden kann, was sie gemeinsam erschaffen. Beides sollte man mehr kombinieren.

Noch einmal: Wie kann man sich mit all den »Realitäten« anfreunden, von denen Sie sprechen, mit etwas, das vor allem auf seine eigene dramatische Art »neu« ist?

Aus meiner Erfahrung ist es am besten, die richtigen Personen zu finden, die bereits bereit sind, sich den Herausforderungen zu stellen, die durch die aktuellen Veränderungen entstehen. Dies impliziert auch, dass *open innovation* auf gewisse Art eine selbst erfüllende Prophezeiung ist. Wenn Sie glauben, dass das nicht funktioniert, wird es mit Sicherheit für Sie nicht funktionieren. Wenn Sie das Gegenteil glauben, wird es fast sicher funktionieren: Sie müssen etwas geben, um zu bekommen, was Sie brauchen. Sie werden dabei lernen, dass gute Innovationen auch von außen kommen. Deswegen arbeiten wir bei »100% Open« bis zu einem bestimmten Grad mit Partnern, die sich selbst auswählen, weil diese bereits für sich beschlossen haben, dass *open innovation* für sie funktionieren wird.

Das rationale Argument für *open innovation* muss also vom jeweiligen Geschäftsszenario her kommen.

Selbst sehr geschlossene Firmen wie Apple können ein »Ökosystem« entwickeln, das viermal größer ist als die Firma selbst. Heute hat Apple mehr als viermal so viele App-Entwickler wie

Angestellte. Diese App-Entwickler arbeiten nicht für Apple, aber sie teilen bis zu einem Drittel ihres Einkommens mit dieser Firma. So viel zu den Möglichkeiten des jeweiligen Geschäftsszenario. LEGO nutzt in ihrer Corporate Identity ein schönes Statement von Richard Pascale: »Menschen sollten den Weg in ein neues Denken herbeiagieren, anstatt umgekehrt zu versuchen, neues Handeln herbeizudenken«. Man kann einen neuen Ansatz nicht allein von einer theoretischen Herangehensweise her verstehen. Die einzige Chance, den neuen *mindset* wirklich zu verstehen, ist, ihn auszuprobieren. Durch die Erfahrungen, die daraus entstehen, ändert sich Ihr *mindset* von selbst – aber nur, wenn die Erfahrungen Sinn für Sie machen. *Open innovation* kann ein Schlüssel für eine solche Erfahrung sein.

ROLAND HARWOOD

Nach seiner Promotion in Physik arbeitete Roland Harwood als Innovationsexperte in unterschiedlichsten Branchen, von der Energieversorung über die Medienindustrie bis hin zur öffentlichen Verwaltung. Harwood ist Gründer und Netzwerkpartner von »100%Open«, die als Innovationsagentur in London weltweit große Unternehmen betreut. Er berät Gründungsprojekte im Bereich Finanzierung und Technologie sowie netzwerkbasierte Unternehmensstrukturen.

Stephan A. Jansen

HUMBOLDT 2.0

Zur Zukunft der Universitäten in der Wissensgesellschaft. Wie öffnen sich Universitäten erfolgreich für neue Kooperationen mit gesellschaftlichen Partnern? Wie man Universitäten und Firmen zusammenbringt, erläutert der Gründungspräsident der Zeppelin Universität in Friedrichshafen.

Ihre Visitenkarte ziert – in spiegelndem Silber – die Aufschrift: »Auch beziehungsgestört?« Bekommen Sie mehr Visite durch die Karte?

Über mangelnden Besuch können wir uns als eine deutsche »Randgruppe«, als rein privat finanzierte Forschungsuni am Ufer des Bodensees wahrlich nicht beklagen – es ist ja auch sehr schön bei uns. Wichtiger als Besuche sind allerdings die auf- und anregenden Beziehungen der Universität mit ihrer Gesellschaft. Grundgesetzlich geschützte Freiheit der Wissenschaft ist ein Privileg – mit der Zwillingsschwester der Verantwortung. Universitäten haben unter der Bedingung der Freiheit auch von Gesellschaft die Verantwortung, für Gesellschaft zu wirken. Die Soziologie informierte uns vor Jahrzehnten, dass wir in einer »Wissensgesellschaft« leben. Universitäten spielten dabei eine vergleichsweise beruhigte Rolle. Aber einige Beispiele zeigen, dass dieses spezifische Verhältnis der Grenze zwischen »innen« und »außen« von Universitäten sich nun zu ändern scheint.

Wie organisieren Sie Wissenskooperationen zwischen der Zeppelin Universität und den Partnern und was bedeutet Kooperation für Ihre Identität?

Die Zeppelin Universität startete 2003 explizit mit dem Anspruch, aus der Zivilgesellschaft für die Gesellschaft zu wirken. So arbeiten wir mit der Rütli-Hauptschule, mit der Caritas, mit dem Bundesforschungs- und dem Bundesverkehrsministerium sowie mit Firmen wie Audi, Siemens, der EADS, ZF Friedrichshafen AG oder mit zahlreichen Familienunternehmen ebenso zusammen wie mit zahllosen Museen und Medienhäusern – und immer in konkreten Projekten, die uns in der Forschung und Lehre im wahrsten Sinne begeistern. Was dabei entsteht, das nennen wir bis jetzt »Humboldt 2.0« – also die Einheit in der Differenz von Forschung, Lehre und wissenschaftlichen Dienstleistungen –, auch nach »außen«.

Solche Kooperationen brauchen Orte der regelmäßigen Pflege, auch jenseits der Partner. Wir haben dazu an der Universität sechs Institutionen – alle direkt am Präsidium aufgehängt, darunter die Abteilung »Strategische Partnerschaften und Universitätsentwicklung«, die »Stabs-Abteilung für Universitäts-Innovation (SAUI)«, die vollamtliche studentische Vize-Präsidentschaft, die Abteilung »Strategische Projekte« für Lehr- und Bildungsprojektentwicklungen, die studentische Organisationsberatung und die MicroEquity GmbH & Co KG (ZUME). Alle wiederum stehen in der »Projektierer-Runde« im regelmäßigen Austausch. Diese Mischung an Interaktionsplattformen ist notwendig, um sehr unterschiedliche Interessen und Kulturen abzubilden. Das ist unsere Erfahrung, was Kooperationskulturen betrifft – hoch individuelle Angebote und die richtige Mischung auch an Personen für die Kooperationsbetreuung.

Damit besteht die eigentliche Identität der Zeppelin Universität genau aus diesen vielen aktiven Beziehungen zu ihrer Umwelt – und deren Organisation. In unserer Strategie nannten wir das »Ermöglichungskultur« – und die ist so identitätsstiftend, dass ab und an intern schon vorsichtig gefragt wird, ob man auch mal »Nein« sagen dürfte. Das darf man – bei der zweiten Nachfrage und begründet.

Sie haben bei Gründung gesagt, Sie sind keine Uni für Wirtschaft, Kultur und Politik – und auch nicht dagegen, sondern: dazwischen. Hebt dermaßen betonte Interdisziplinarität die von Ihnen gewünschte Beziehungsfähigkeit?

Wenn wir es nicht schon so machen würden, dann würden wir die Interdisziplinarität erfinden. Wir hatten auf unserer alten Turnhalle – noch ganz ohne Logo – einen »Sponti-Spruch« draufgemalt, der bis heute maßgeblich ist: »Große gesellschaftliche Probleme sind undiszipliniert – wir auch. Ihre Zeppelin Universität.«

Interdisziplinarität bedeutet in einer kantianisch informierten Universität ja nichts anderes, als vom Problem bzw. Phänomen her zu denken statt von streitenden und disziplinierten Fakultäten. Geht das überhaupt? **Nun, Beziehungsfähigkeit mit der Gesellschaft fängt wohl besser erst mal mit der Beziehungsfähigkeit zwischen den Fakultäten, zwischen Professoren und Studierenden, zwischen Verwaltung und Wissenschaft an.** Und diese intern gelebte Interdisziplinarität ermöglicht dann produktive Projektteams für Stadtentwicklung, Wahlrechtsanalysen, Verwaltungs- und Schulreformen oder Kommunikations- oder Produktinnovationen in Unternehmen, neue Ausstellungskonzepte für Museen bis zu zahlreichen Unternehmensgründungen.

Die Zeppelin Universität hat gerade eine Unternehmensbeteiligungsgesellschaft gegründet – die ZU Micro Equity. Wollen Sie damit Geld verdienen?

Das sogenannte »Preseed--Kapital« ist mehr ein Investment in studentische Energie im Kontext der Lehre und Forschung und erst zweitrangig auch eine potenzielle Ertragsmöglichkeit für die gemeinnützige Universität. Der Fonds wird getragen durch zahlreiche private Förderer und ist ein weiterer Beleg für die Beziehungsfähigkeit zwischen philanthropisch-pädagogischen Investoren und klugen Studierenden, die existenziell über das ständige Selbst nachdenken. Mittlerweile hat die Zeppelin Universität tatsächlich in ihrer neunjährigen Geschichte über hundert mehrwertige Gründungen, wie wir das nennen: Denn wir fokussieren nicht allein auf For-Profit-Unternehmen, sondern auch auf kulturelle, politische und zivilgesellschaftliche

Gründungen. Von einem deutschlandweiten Hauptschulcoaching (Rock Your Life!) und einer Omnibusmitfahrzentrale (DeinBus.de) über eine neue Form der Keksbäckerei (knusperreich.de) bis hin zu NGOs (knowable.org), einem 3D-Printer-Pionier (spontaneous order) oder einem stromlosen Küchengeräthehersteller (AreYouWheel) reichen die Beispiele.

Wenn wir über Beziehungen von Universitäten reden, wird auch stärker von »Clustern als neuem Paradigma« gesprochen – beispielsweise im Silicon Valley, in Bangalore oder bei uns in Ansätzen in München oder Aachen. Hilft das?

Als Juror der Spitzencluster-Initiative der Bundesregierung kann ich das nur unterstreichen. Während wir früher staatlich in die Nutzung von Ressourcen investierten, ging es in einer zweiten Welle um den Aufbau von netzbasierten Infrastrukturen und Bildung. Nun geht es vor allem um eins: um die Förderung von Beziehungen. Die Spitzencluster erreichen dies für mehrere Industrien (Konvergenz) unter Einbindung von regional kopräsenten kleinen und mittleren Unternehmen und Hochschulen, Verbänden, Ministerien. Da passiert was, so zeigen es die Belege für Logistik, Biotechnik, Software oder Medizin- oder Mikrotechnologie. Vermutlich wird auch die Energiewende nicht anders zu lösen sein, denn Innovationsmanagement ist vor allem das Management der Innovationen anderer.

Dazu schrieben Sie in Ihrem Buch »Oszillodox«, dass es in grundsätzlich paradoxen, also letztlich nicht lösbaren Ausgangssituationen andere, nämlich oszillierendere und besonders wandelfähige Formen der Organisation und Finanzierung von Innovationen geben muss. Wie sehen diese aus?

Warum reden wir zurzeit so viel über das Schöpferische, über »schöpferische Zerstörung«, die ja selbst schon paradox anmutet? Wir sind zwischen Globalisierung und Lokalisierung, zwischen Kostenführerschafts- und Differenzierungsstrategien, zwischen Dezentralität und Zentralität von Aufgabenstellungen so paradoxal gefasst, dass sich einseitige Lösungen nicht mehr anbieten: Innovation muss selbst routinisiert werden, und das eben nicht mehr nur in der Dimension »Technologie«, sondern vermehrt als Geschäftsmodellinnovationen. Hierzu brauchen wir »Cross-Industry-Innovation« durch *open-innovation*, also geöffnete Formen der Genese von Kreativität gemeinsam im jeweiligen »Club«. Universitäten können hierzu die richtigen Angebote machen. Gemeinsam mit der AMADEUS Germany GmbH haben wir zum Beispiel für einen siebenstelligen Betrag ein »Forschungszentrum der Geschäftsmodell-Innovation Mobilität« gegründet, in das viele Anbieter der Mobilitätsbranche eingebunden sind. In diesem Zentrum entstehen vor allem Geschäftsmodellinnovationen, keine technologischen Innovationen, es geht also zum Beispiel um inter-

modale Verkehrssysteme, um Lösungen der Energiefrage oder um die Umstellung von Eigentum, vom Besitz eines Autos etwa auf Zugang zu Mobilität durch »nur« gemeinsames Nutzen- und Nicht-mehr-besitzen-Wollen.

Sie sprechen auch von der kommenden Gesellschaft der sozialen Innovationen und einem Zeitalter des postasozialen Managements und erinnern in Vorträgen an den Anspruch, der sich hinter Schumpeters »politischem Unternehmer« verbirgt. Was ist so wichtig an sozialen Innovationen?

Es gibt ja noch immer die alte Geschichte, dass wir in Deutschland doll in technologischen Erfindungen sind, aber sie leider nicht in Märkte umsetzen. Vom »Heureka!« des Erfinders bis zum »Hurra!« des Marktes ist es in Deutschland ein längerer Weg. Hier greifen »soziale Innovationen«, die weniger auf das Karitative und mehr auf das Kreative abzielen. Mit unseren gesellschaftlichen Partnern setzen wir hier kommunikative Formen der Inklusion von Randgruppen, die Hybridisierung von Akteuren in der Wertschöpfung und eine Systemisierung von Technologie und Dienstleistungen um. Gemeint wären inklusiv etwa die Planung und Entwicklung intergenerativer Häuser oder der Einsatz von Blinden für die Brustkrebsdiagnostik, die hybridisierte Entwicklung von Public-private-Partnerships oder Kooperationen von eigentlich unverwandten Branchen (wie zum Beispiel Ski und Geigenbau) und zum Beispiel eben auch systemisierte Stadtentwicklung als Mix an systemischen Lösungsangeboten (Entwicklung konvergenter Netzbasierungen – Kommunikation, Energie, Wasser, Mobilität etc. – und deren Dienstleistungen). Bei all diesen Projekten sind eben auch Studierende und Dozenten unserer Hochschule leitend involviert – im Dienst oder im Auftrag »der Gesellschaft«.

Und der »politische Unternehmer«, den Sie ansprechen, muss sich auch um die häufig notwendigeren Regulierungserfordernisse kümmern – im Zweifel auch gegen die Politik. Meine These ist einfach: **Wir werden die technologische Führungsrolle in den kommenden zwei Jahrzehnten abgeben müssen und müssen unsere Technologien durch viel komplexere soziale Innovationssysteme mehr als kompensieren. Und das wird uns auch gelingen.**

Und hierfür benötigen wir auch eine komplexere, dezentralere und dadurch intelligentere Aufgabenteilung zwischen Markt, Staat, NGOs, Wohlfahrtsverbänden, Stiftungen, Vermögenden und auch Hochschulen?

Ich nenne es das neue »Gesellschaftsspiel des Guten«. Das Ziel: Alle Akteure einer Gesellschaft produzieren »Güter«, die zur Entgegnung eines »Schlecht« platziert werden. Wir brauchen jetzt vor allem neue soziale Innovationen für Fragen und Aufgabenstellungen der Energiewende, der dann noch einige Wenden wie die der Mobilität, der Gesundheit, der Demografie, der Kommunikation, der Sicherheit folgen werden. Wir erleben bereits eine Renaissance der sozialen Bewegungen und Protestentwicklungen und die verstärkte Gründung von Sozialunternehmen, die als Unternehmen Innovationen schaffen, die der Gesellschaft dienen. Und wir haben es mit einer neuen Vermögenskultur zu tun, erstmals finden Vermögensnachfolgen statt, nach Generationen der Inflationierung und Kriege. Das schafft neue Potenziale für neue Ideen.

Und dann haben wir noch die Hochschulen.

Ich bin überzeugt, dass diese eine noch deutlich wichtigere Rolle spielen können. Hochschulen wirken in ihren Regionen, allgemein sind sie einer der größten Multiplikatoren, durch deren Wirken sich die nächste Entscheider- und Erfindergeneration bilden wird.

Sie haben diesem Aspekt Ihre neue Fünfjahresstrategie gewidmet. Wie sieht die aus?

Wir haben in den letzten 18 Monaten mit allen Gremien und Anspruchsgruppen – von den Mitarbeitern und Wissenschaftlern über Studierende bis hin zu unseren Partnern, den Gremien und den Alumni – an der Strategie mit einer einzigen Frage gearbeitet: »Wie wird die Universität im 21. Jahrhundert – unter der Bedingung der Ubiquität und Digitalisierung des Wissbaren und der Wirksamkeit als Akteur der Zivilgesellschaft?«

Wir haben dabei uns den »Phantomschmerz Wehr- und Zivildienst« angeschaut, den *relevance gap* der A-Journal-Forschung, die aktuellen Lerntheorien, spannende Universitätskonzepte in aller Welt und natürlich unsere Stärken bisher. Die Zeppelin Universität konzentriert sich in ihrer Mittelfriststrategie bis zum Jahr 2017 auf die »exzellente und experimentelle (Co-)Entwicklung sozialer Innovation durch forscherische, studentische, mediale, künstlerische, unternehmerische und politische Interventionen«. Das beginnt beim Auswahlverfahren der Studierenden für ihren Einsatz in gemeinnützigen Organisationen, aber auch Gefängnissen, Krankenhäusern oder Bahnhofsmissionen und endet mit dem aktiven Alumni-Engagement, auf das wir bereits sehr stolz sind. Gemeinnütziger Einsatz der Studierenden bedeutet immer: Wir bearbeiten für Partner eine reale Problemlage, die aus deren Sicht seit mindestens sechs Monaten nicht lösbar ist. Das fordert die Studierenden heraus und lässt sie ihre eigenen Fähigkeiten kennenlernen. Und das geht über in eine andere, mehrwertige Wirksamkeitsmessung von Forschung, flankiert durch das ehrenamtliche Engagement unserer Mitarbeiter.

Universitäten sind Resonanz- und Provokationskörper der Gesellschaft – und das wollen wir ernst nehmen. Es kann nicht mehr um Produktion einer angeblichen Wahrheit gehen, die ja nach Heinz von Foerster immer als eine Erfindung eines Lügners daherzukommen scheint, sondern um Produktionen von Wahrscheinlichkeiten. Und die Wahrscheinlichkeiten passen sich subjektiv und situativ an aktuelle Irritationen, Deskriptionen oder Zwischenlösungen an, werden laufend weiterentwickelt oder wenn nötig auch wieder verworfen – und so weiter.

Zivilgesellschaftlich engagierte Hochschulen, international sichtbare Technologie-Hubs, Universitäten für den dritten Lebensabschnitt, Kinderuni, Unis mit Regionenentwicklung, Akademisierung von nicht akademischen Zielgruppen, lebenslanges Lernen und so weiter … Zerreibt sie sich angesichts der vielen widersprüchlichen Ansprüche?

Eine Universität ist bei aller Diversität immer noch eine Identität, die es aktiv durch die Mitglieder zu profilieren gilt. Eine Universität, die alles betreibt, wird in ihrer Überdehnung reißen. Den Eindruck kann man bei einigen reform- und strategiebedingt überdehnten Universitäten schon erkennen. Das Modell der Volluniversität bei gleichzeitigem Vollsortiment der anspruchsgruppendifferenzierten Angebote ist in den anderen

Ländern so kaum zu finden. Und auch in Deutschland zeigen sich die Differenzierungsbemühungen und die Debatten über Lehrverschlechterung durch einseitige Forschungs-Exzellenz-Initiativen. Eine zu hohe Spezialisierung, wie zum Beispiel bei den privaten Hochschulen, wird hingegen auch zur Gefährdung – nicht nur für Humboldtianer, sondern auch für die Anspruchsgruppen.

Neben der klaren Profilierung und der stärkeren Markenbildung von Hochschulen kommt ein entscheidender und sehr unzeitgemäßer Befund zum Vorschein: Bildung von Beziehungen braucht Zeit. Sie brauchen – wie Bildung auch – Eigenzeiten. Verkürzte Abiture und gekürzte Studiendauern bringen kaum gewürzte Erfahrungswelten. Geschärfte Würze kommt mit der Zeit – und die sollten wir uns an Universitäten wieder nehmen.

STEPHAN A. JANSEN

Stephan A. Jansen ist Gründungspräsident der staatlich anerkannten privaten Stiftungsuniversität Zeppelin Universität in Friedrichshafen, dort Professor für Strategische Organisation & Finanzierung und Direktor des »Civil Society Center | CiSoC«. Er ist Autor von gut 150 Veröffentlichungen vor allem im Bereich der Organisations-, Netzwerk- und Managementtheorie, Unternehmenszusammenschlüsse sowie der Bildungssystemanalyse. Jansen ist in der wissenschaftlichen Politikberatung unter anderem für die Kanzlerin, die Forschungsunion der Bundesregierung sowie für Peer Steinbrück tätig. Seine Forschungsinteressen liegen in der kommunikations- und organisationstheoretischen Analyse von Netzwerken, Sozialunternehmen, Zivilgesellschaft, Unternehmenszusammenschlüssen sowie von Bildungssystemen. 2010 wurde er als Gastprofessor an die Stanford University berufen.

FREELANCER
KULTUR
TOP DOWN?
FREELANCER-KULTUR
ALLEINVERDIENER
DEMOGRAPHISCHER WANDEL
MENTOREN-LEISTUNG
FRAUEN QUOTEN
BLINDER FLECK
UNENTDECKTE POTENTIALE
WERTSCHÄTZUNG
DUALE AUSBILDUNG
GESCHLOSSENE SYSTEME
LAGERMENTALITÄT
FREMDE

ENDLICH DIVERS!

Chancen durch Vielfalt

Thomas Sattelberger

WILL ICH KLONE, BLAUE AMEISEN ODER CHARAKTERE?

Vielfalt ist kein Kinderspiel. Für Unternehmen, Hochschulen und Parteien wird es überlebensnotwendig, bisher ausgegrenztes Talent und unkonventionelles Denken zuzulassen. Wie man Talente jenseits aller Norm erkennen und fördern kann und warum es wichtig ist, provokantes Denken zuzulassen, erklärt Thomas Sattelberger, ehemaliger Personalvorstand der Deutschen Telekom.

Entscheider aus Wirtschaft und Wissenschaft halten *diversity* (zu Deutsch: Vielfalt) ja gerne für ein Modethema.

Diversity ist längst aus der Ecke der Sozialromantik herausgetreten. Mehr Vielfalt ist eine der wenigen Gestaltungsmöglichkeiten, die uns bleibt, um mit großen, ja disruptiven gesellschaftlichen Veränderungen klarzukommen.

Was meinen Sie damit genau?

Zum einen drängt die demografische Entwicklung in Windeseile zu mehr Vielfalt: Der Talentstrom, insbesondere im für die Industrie so wichtigen MINT-Bereich, versiegt in diesem Land. Unternehmen können es gar nicht mehr vermeiden, aus bisher vernachlässigten, übersehenen, ausgegrenzten Talentquellen zu schöpfen. Diese Talente können aus bildungsfernen Schichten stammen. Es können junge Frauen sein, die für Technik und Naturwissenschaften begabt sind, dazu aber nie ermutigt wurden, oder auch nicht akademische Fachkräfte, denen die heutige Selektionsmaschinerie eines zweiten oder dritten Bildungsweges eine akademische Perspektive verbaut. Das Gleiche gilt für junge Menschen mit Migrationshintergrund, für Experten mit ausländischen Abschlüssen oder für die hoffentlich bald in großer Zahl kommenden hoch qualifizierten Einwanderer. Der zweite Trend ist die Globalisierung. Seit Jahrzehnten führen die weltweite Integration von Märkten und die Vernetzung von Wissensgesellschaften, von Wissensvereinigungen und Unternehmen zur Zusammenarbeit über Sprachen und Kulturgrenzen hinweg. Kulturelle Vielfalt wird schlichtweg Normalität in Medien, Unterhaltung, Kultur, Bildung und in der Arbeitswelt. Der dritte Trend, der mehr gesellschaftliche Vielfalt notwendig macht, ist der Wertewandel hin zur Individualisierung: Die auf den Arbeitsmarkt vordrängende Generation drängt auf mehr persönliche Souveränität und entzieht sich immer mehr Kollektivdruck und Fremdbestimmung. Ausufernde Bürokratien sind für diese jungen Leute ein Gräuel, ebenso die Steuerung durch Hierarchien, Statussymbole oder ausgrenzende bzw. einseitig vom Shareholder-Value dominierte Unternehmensphilosophien.

Uff.

Es geht noch weiter. Der vierte Trend ist die Digitalisierung. Im Internet entstehen virtuelle Communitys, die offen sind für alle, die sich beteiligen wollen – jenseits von Nationalität, Alter, Kultur, Religion oder Geschlecht. Digitale Freundschaften, Gaming oder das Open-Source-Paradigma bestimmen ein Lebensgefühl, das Talente auch in der Arbeitswelt umgesetzt sehen möchten. Es entwickeln sich Freelancer-Kulturen mit komplett neuen Lebensentwürfen und Karriereverläufen. Enterprise 2.0 ermöglicht schon heute der Telekom, weltweit mit Tausenden von Forschern und Entwicklern in Open-Innovation-Prozessen zusammenzuarbeiten. Kreative Freelancer und Digital Natives passen aber – wie auch die im ersten Trend genannten Talentsegmente – oft noch nicht in die Schablonen der Personaler. Da existiert noch die Sehnsucht nach glatten, linearen und konformistischen Lebensläufen.

Und der fünfte Trend, der für *diversity* spricht, ist natürlich die Migration. Wir sehen heute wieder Wanderungsbewegungen ungewohnten Ausmaßes. Bisher eher homogene Gesellschaften werden in ihrem Selbstverständnis durch eine neue Vielfalt an Kultur, Sprache, Religion und Rechtsverständnis herausgefordert.

Wie viel Unterschied verträgt unsere Kultur überhaupt? Welche Einflüsse von »außen« wollen wir reinlassen?

Meines Erachtens geht es darum, eine Kultur der Vielfalt in der Einheit zu schaffen, sodass in Einwanderungsländern wie Deutschland mehr Respekt vor und Wertschätzung für die Individualität der Einzelnen entstehen, wo bis jetzt eher Angst vor dem anderen, dem Fremden vorherrscht. In die gegensätzliche Richtung geht es bei der Beantwortung der Frage, wo wir die notwendigen Grenzen des Wertepluralismus und damit auch die notwendigen Grenzen für *diversity* ziehen wollen. Die Sarrazin-Debatte ebenso wie die alte Leitkulturdebatte sind längst noch nicht beendet.

Und diese fünf Trends, von denen Sie sprachen ...

... beeinflussen schon heute massiv unsere Lebens- und Arbeitswelt. Die Konsequenz: Ob als biologische Vielfalt (Rasse, Geschlecht, Größe, Alter), als soziale Vielfalt (soziales Milieu, Bildungsstand, Ethik, Religion) oder als personale Vielfalt (Ideen, Denkmuster, Lebensentwürfe und die Art und Weise, wie ich Wissen vermittle) wird *diversity* zu einem Haupttreiber und das Management von *diversity* gleichzeitig zu einem der wichtigsten Steuerungsmittel gesellschaftlicher Komplexität.

Was bedeutet das konkret für Unternehmen?

Ein Unternehmen, das im Einstellungs-, Förder-, Beförderungs- und Vergütungsprozess, also entlang des gesamten Talentzyklus jedes einzelnen Mitarbeiters, keine vorurteilsfreien, neutralen Prozesse und *policies* gestaltet, ein Unternehmen, das keine flexiblen Arbeitszeitmodelle, Sabbaticals oder eine Step-out-/Step-in-Kultur – gerade für Experten und Führungskräfte – anbietet, wird nicht nur Reputationsverluste erleiden. Es wird auch bei Innovation und Geschäftserfolg schlechter dastehen und massiv an Attraktivität für nachgefragte Wissens- und Kreativarbeiter verlieren. Mitarbeiter wollen Unternehmensbürger sein, sich auf Augenhöhe und mit ihren individuellen Interessen und nicht als Produktionsfaktoren oder Gefolgsleute behandelt sehen. Die Frage ist: »Will ich Klone, blaue Ameisen oder Charaktere?«

Vielen klingt das jetzt schon zu anspruchsvoll, fast schon utopisch.

In den Talentmetropolen und -regionen der Welt ist das aber teilweise schon Realität oder im Entstehen. Vielfalt als Steuerungsprinzip scheitert, wenn sich Universitäten, Firmen, Parteien zu geschlossenen Systemen verfestigen und damit – jenseits aller Lippenbekenntnisse – aus ihren täglichen Lebensroutinen heraus Vielfalt oft unbewusst abwehren. Dann führen tief verwurzelte, oft als selbstverständlich angesehene Mentalitäten dazu, etwa innerhalb einer Firma, immer nur gleichartige Leute ins System hineinzulassen oder zu befördern – Leute, die durch ihren Habitus und ihre Sozialisation die herrschenden Stereotypen und Überzeugungen bestätigen. So schließt sich das System mit der Zeit ab, bestätigt sich selbst und reproduziert sich kontinuierlich aus sich selbst. Zugangsberechtigung für andere Ideen, Werte und Handlungsmuster wird verweigert. So gesellt sich Gleich zu Gleich. Das bedeutet Ausschluss des Zugangs für Andersartige oder Emporkömmlinge. Die Kluft zur Realität »draußen« wird größer und größer. Soziologen wie Niklas Luhmann haben sich mit dieser Veränderungsresistenz befasst: Geschlossene Systeme folgen in ihrer Existenzsicherung weniger den offiziellen, offen für jedermann einsehbaren Regeln. Sie funktionieren viel subtiler und sind deshalb umso schwerer zu verstehen und zu öffnen. Verhaltensprägend sind nicht die expliziten Codes, also das offizielle Selbstverständnis der Firma, sondern »geheime« Regelwerke – das nie Ausgesprochene, das stillschweigende Handeln, das instinkthafte Verhalten. Es kommt zu Übereinkünften, die von allen gemeinsam geteilt werden, obwohl niemand mehr von der Sache selbst spricht. Gefälligkeiten und interner Nepotismus, die Förderung und die Beförderung von Gleichgesinnten und Nahestehenden, das Entstehen von *old boys networks* sind prägend in solchen Systemen.

Das erinnert mich an den »Washington Consensus« – der festen Überzeugung, formuliert von den besten Ökonomen amerikanischer Eliteuniversitäten, dass der freie Markt immer richtig liegt, wo sich die Marktlogik frei entfalten kann.

Diese Theorie wurde quasi als allgemeingültige Wahrheit betrachtet, an die sich auch die Akteure aus Politik und Wirtschaft strikt gebunden fühlten. Jetzt wurde sie unter reellen Bedingungen des Wirtschafts- und Finanzsystems getestet. Das Ergebnis ist bekannt, doch das alte neoliberale Paradigma lebt munter weiter. Heute noch sind die angelsächsischen MBA-Schulen förmlich Cloning-Anstalten, sie lehren wirtschaftstheoretisch, mikroökonomisch und bezogen auf die Manager-Rolle alle dasselbe. Aber auch Studiengänge an den Grand Écoles in Frankreich, an sogenannten (insbesondere privaten) deutschen Elitehochschulen müssen sich – unabhängig von der Finanz- und Wirtschaftskrise – der Kritik stellen, dass sie relativ einförmige Eliten ausbilden, genormt in der Herkunft, genormt in ihrer Ausbildung, genormt in Ausdruck und Denken. In solchen Milieus entstehen realitätsfremde Überzeugungen, in denen sich die »Elite« eines Fachs, einer Institution oder gar eines ganzen Landes unhinterfragt einig ist. Neue gesellschaftliche Lösungen finden in so einem Milieu kaum noch Raum. Alternative Blickweisen werden sanktioniert. Kritik ist dann Nestbeschmutzung. Frankreichs Elite ist so ein fast geschlossenes Männer-Corps, aus dem die meisten an der gleichen Hochschule, der ENA, studiert haben. Man kennt sich schon aus der Studienzeit und wer kein Diplom einer großen Schule vorweisen kann, stößt selten in die Zirkel der wirklich Mächtigen vor. Ähnlich dienen MBA-Kaderschmieden dazu, eine »Elite« hervorzubringen, die dem neoliberalen Weltbild huldigt.

Ist die Schärfe Ihrer Kritik nicht etwas übertrieben?

Noch vor einigen Jahren hat sich fast die Hälfte der MBA-Absolventen Harvards geweigert, den »hippokratischen« Eid ethisch fundierten Managements zu leisten, mit der Begründung, dies würde der profitorientierten freien Marktwirtschaft widersprechen. Die selektive Wahrnehmung, die die Wirtschaftswissenschaften durch ihre einseitige Theoriebildung forciert haben, führt eben dazu, dass soziale, ökologische, moralische und ethische Dimensionen des Wirtschaftens als dissonante, fremdartige Realitätsfelder schlicht ausgeblendet werden. Und nun werden bisherige Urteile, Maßstäbe und Weltbilder nicht mehr infrage gestellt. Solcherart geschlossene Milieus können fatale Folgen haben – siehe Fukushima. Als »Atomdorf« wird ja in Japan die abgeschottete Elite bezeichnet, die sich rund um den industriellen Nuklearkomplex gebildet hatte. Zu den Mitgliedern dieses geschlossenen Systems gehören die Atomabteilungen von Tepco genauso wie die zuständigen Bereiche des Industrieministeriums, aber auch ausgewählte Forscher und Journalisten. Externe *checks and balances* fanden nicht mehr statt, objektive Qualitätssicherungssysteme wurden umgangen. Der Klebstoff, der eine solche Elite zusammenhält, sind homogene Sozialisationsprozesse, verblüffende Ähnlichkeiten im Lebenslauf: Sie kommen alle von derselben Topuniversität in Tokio – der Keo-Universität –, hinterher arbeiteten sie bei Tepco oder eben bei der Behörde, die Tepco überwachen soll – und wechselten später vom Kontrollierten zum Kontrolleur vice versa. Mit bekanntem Ergebnis.

Wie kommen wir nun aus geschlossenen Systemen heraus? Wie könnten sich Entscheider ihrer blinden Flecke bewusst werden?

Bei mir sind während meiner Zeit bei der Telekom Ernennungen zu Aufsichtsratspositionen der Tochter- und Enkelgesellschaften über den Tisch gelaufen. Einmal ging es um die Neubestellung eines Aufsichtsrats bei einer unserer großen IT-Töchter. Da von den Verantwortlichen ein Mann vorgeschlagen wurde, habe ich nachgefragt. Antwort: »Wir haben intensiv nach Frauen gesucht, aber es gibt keine.« Daraufhin recherchierte meine Diversity-Beauftragte in den Potenzial-Listen. Innerhalb einer halben Stunde fand sie drei bei uns tätige Managerinnen mit exzellenten Beurteilungen, nicht nur mit Affinität, sondern mit komplett erfolgreichen Karrieren in der IT-Branche. Bei der ersten Antwort auf meine Frage war keine böse Absicht im Spiel. Die Sichtbarkeit der Managerinnen in dem überwiegend männlich dominierten Umfeld fehlte, die Wahrnehmung der Zuständigen war selektiv wie in einem Tunnel.

Ein erster Schlüssel zur Beseitigung blinder Flecken ist das durch Quotierungen erzwungene Sichtbarmachen aller Talente in den Stationen eines Beförderungsprozesses und bereits zuvor in allen Förderinitiativen. Ein zweiter Schlüssel ist das Bilden von Diversity-Nuklei in kritischer Masse, um das Vereinzelungs- und Isolierungsphänomen zu verringern. Deswegen legten wir beispielsweise die Frauenquote bei der Telekom auf 30 Prozent. An einem unserer Talentprojekte haben wir erkannt, wie wichtig es in Auswahlprozessen ist, Sichtweisen von außen mit hineinzunehmen. Für ein Einstiegsqualifizierungsprojekt in die Berufsausbildung haben wir mithilfe von Experten der Agentur für Arbeit inzwischen fast 200 jungen Menschen mit Hartz-IV- bzw. Migrationshintergrund mit Erfolg die Tür in unsere Berufsausbildung öffnen können. Heute schon gehören zehn Prozent aus dieser Gruppe zu den besten dreißig Prozent im gesamten Ausbildungsjahrgang. Aber ohne den Blick von außen hätten wir neue Kriterien für die Auswahl, nämlich Orientierung an Begabung und Stärken und nicht an normierten Standards, gar nicht angewandt. Bei diesem Beispiel waren es zudem der formulierte und auch zu spürende Wille und die Entschlossenheit der jungen Leute, ihre zweite Chance zu ergreifen, jetzt etwas aus ihrem Leben machen zu wollen. Für diese Indizien hatten die uns beratenden Mitarbeiter der Arbeitsämter einen ganz anderen Blick als wir. Wahrscheinlich müssten also mehr Außenstehende die Rekrutierungspolitik großer Unternehmen begleiten. Mit unseren alten Rekrutierungsmustern wären diese Leute jedenfalls gar nicht erst berücksichtigt worden.

So gesehen wäre auch die Argumentation vieler Entscheider in der Wirtschaft gegen eine freiwillige oder gesetzliche Frauenquote, weil Qualität sich ja ohnehin von selbst durchsetzt, Ausdruck einer Meinung, die die eigene Einfärbung nicht mehr sehen kann.

Sicher. Bei all diesen verbalen Ausgrenzungen – von Frauen bis zu Migranten – geht es eben nicht um Qualität. Deswegen benötigen wir jetzt – ich betone leider – mehr betriebliche Ordnungspolitik durch freiwillige Unternehmensverpflichtungen und – falls diese in den nächsten Jahren scheitern sollten –, als ultima ratio, eine gesetzliche Regelung, ob national oder EU-seitig, zum Beispiel für eine Frauenquote in Vorstand und Aufsichtsrat.

Sie klingen aufgebracht.

Weil wir seit über zwanzig Jahren über *diversity* reden und sich so wenig ändert. Nicht nur auf dem Feld der Frauenförderung. Chancenfairness und Durchlässigkeit – das ist doch Motto einer Schwindelrepublik in Sachen Bildung und Aufstieg. Selbst die Begabtenförderungswerke in Deutschland arbeiten in Wirklichkeit nach dem Prinzip: »Wer hat, dem wird gegeben.« In Deutschland gehen Förderung und höherer Status mehr denn je Hand in Hand. Nur neun Prozent der Förderungen gehen an Personen mit sozial niedrigem Status. 72 Prozent der Stipendiaten der Begabtenförderungswerke kommen aus gehobenen oder außerordentlich hohen sozialen Verhältnissen. Dem steht eine Einkommensverteilung in Deutschland gegenüber, bei der 82 Prozent der Bevölkerung in der Mitte oder niedriger eingestuft sind. Laut HIS-Studie von 2009 bricht fast ein Fünftel der Bachelorstudierenden ihr Studium aufgrund von Finanzierungsproblemen ab. Die meisten von ihnen sind Fachhochschulstudenten, von denen viele aus weniger wohlhabenden Elternhäusern stammen. Von Uni-Seite tönt es als Antwort, diese Studierenden würden den fachlichen Anforderungen nicht genügen und deswegen scheitern. Viele technische Hochschulen, die TU9, sind förmlich stolz auf hohe Studienabbrecherquoten als Beweis für ihre angebliche »Bestenauswahl«.

Fest steht: Der Anteil der Emporkömmlinge im deutschen Bildungssystem ist nach wie vor klein. So liegt der Migrantenanteil unserer Bevölkerung bei 20 Prozent. Migranten stellen allerdings nur elf Prozent der Studierendenschaft. Ähnlich sieht es im Arbeitermilieu aus, zu dem 26 Prozent der Deutschen gehören. Aufsteiger aus dieser Gruppe machen gerade einmal 17 Prozent der Studierenden aus. Als Ausgleich für diesen deutlich unterproportionalen Anteil der Emporkömmlinge. Es bleibt das Fegefeuer des zweiten und dritten Bildungsweges, der – wie ich jüngst las – mit der Kraft und der Duldsamkeit eines deutschen Industriearbeiters oder -angestellten zu bewältigen ist: tagsüber an der Werkbank bzw. im Büro, abends ins Abendgymnasium und später an den heimischen Schreibtisch zum Fernstudium. Und wer im Bildungsetablissement hält denn die Akademisierung von Berufsgruppen in Pflege und Gesundheit für wirklich nötig? In kaum einem anderen

Land bleibt die bildungspolitische Kastengesellschaft so sehr unter sich und ist sich in so vielen Dingen einig wie in Deutschland. Wir sind weltweit in der breit akademisierten Wissensgesellschaft angekommen und dennoch bleiben hierzulande die Kinder von Bildungsbürgern über Generationen Bildungsbürger, die Kinder von Arbeitern Nichtakademiker, bleiben Frauen Experten und Männer Führungskräfte. Diese gesellschaftliche Logik muss gebrochen werden. Wir müssen verstehen, dass es jetzt nicht um das Auflegen immer neuer Programme und Initiativen geht, sondern um eine seit Langem überfällige fundamentale Kulturreform.

THOMAS SATTELBERGER

Thomas Sattelberger gilt als einer der profiliertesten Personalmanager in Deutschland. Bis Mai 2012 war er Vorstandsmitglied, Personal- und Arbeitsdirektor der Deutschen Telekom AG, bei der er insbesondere die zukunftsfähige und strategische Ausrichtung der Personalarbeit, die konzernweite Personalentwicklung und das weltweite Talentmanagement gestaltete. Zuvor hat Sattelberger in verschiedenen Konzernen fast 30 Jahre lang im Management sowie im Personal- und Vertriebsbereich gearbeitet, zunächst beim damaligen Daimler-Benz-Konzern, später für die Lufthansa AG und die Continental AG.

Jutta Allmendinger

WEIBLICHE SPITZENKRÄFTE GEHÖREN IN TOP-POSITIONEN

Diversität ist in deutschen Schulen, Universitäten und Unternehmen immer noch Mangelware. Ein Gespräch* mit der Soziologin Jutta Allmendinger über Frauen in Führungspositionen, die Einführung von Quote und über das schwierige Verhältnis der Deutschen zu mehr Vielfalt.

Talentierten und exzellent ausgebildeten Frauen steht die Welt offen. In Deutschland aber wird ihr Wunsch, in Führungsetagen und Vorstände vorzudringen, hitzig diskutiert. Harte Kritiker postulieren: Wenn die Frauenquote kommt, geht es bergab mit der deutschen Wirtschaft, dann wandern besser qualifizierte Männer aus. Parallel verankern immer mehr Dax-Konzerne eigene Frauenquoten und Diversity-Ziele in ihrer Firmenphilosophie. Was passiert da gerade?

Was uns aktuell bei der Quotendebatte entgegenschlägt, ist rückständig. Initiativen mit merkwürdigen Frauenbildern und überholten Rollenbildern schießen wie Pilze aus dem Boden und finden in den Medien Gehör; Managerinnen wehren die Frauenquote ab, wohl wissend, dass sie womöglich selbst Quotenfrauen sind; und all dem schaut unser topausgebildeter weiblicher Nachwuchs zu und wundert sich, was andere alles über ihr Innerstes zu wissen meinen. Dabei geht ihnen diese unschöne Debatte ziemlich unter die Haut. Und ich frage mich, ob wir mit all diesem Getöse womöglich in eine Phase der Retraditionalisierung geraten.

* Das Interview führte Timur Diehn gemeinsam mit Corina Niebuhr.

Sind Quoten der richtige Weg zu mehr Chancengleichheit?

Übergangsweise sind verpflichtete Frauenquoten sinnvoll, um mehr weibliche Spitzenkräfte da zu zeigen, wo sie hingehören: in Top-Positionen. Diese Vorbilder werden die Decke durchbrechen und weitere talentierte Frauen nach sich ziehen. Damit wird auch die Qualität der deutschen Führungskräfte steigen. Aktuell verengen wir den Pool, aus dem wir unsere Führungskräfte schöpfen, künstlich: Frauen schreiben beachtliche Abschlussarbeiten, glänzen mit innovativen Ideen – die Arbeitswelt ruft diese Potenziale aber nicht ab. Das müssen wir dringend ändern. Quoten werden in Deutschland zudem zu einseitig negativ gesehen. In den USA beispielsweise ist das anders, da ist man stolz auf Quoten, die zu mehr Diversität führen, Institutionen werben mit ihnen. Ich gehöre derzeit dem Board of Governors der Jacobs University Bremen an, eine Privatuniversität, an der nur 33 Prozent der Studierenden Frauen sind. Ein amerikanischer Kollege wies mich darauf hin, dass man mit diesem geringen Frauenanteil gute Chancen habe, hoch talentierte Amerikanerinnen anzuziehen – man müsste nur explizit mit dieser Zahl in den USA werben. Hintergrund sind die Geschlechterquoten an den Top-Universitäten wie Stanford oder Harvard, wo sich mittlerweile weitaus mehr Frauen als Männer bewerben und Frauen der Zugang nun aufgrund der gewünschten Chancengleichheit für die Geschlechter erschwert wird.

Bleiben wir beim internationalen Vergleich. Wie divers ist unser Bildungssystem?

Wenn man unter Diversität auch versteht, welche Bildungsinhalte unser Bildungssystem weitergeben will, so stellen wir ernüchtert fest, dass die einseitige Vermittlung kognitiver Kompetenzen immer zentraler wird und die Bedeutung sozialer und kultureller Kompetenzen zurückgeht. Die kulturellen Kompetenzen werden sogar systematisch aus unserem Bildungssystem herausgenommen: Im Schulsystem entfällt das Auslandsjahr, der komprimierte Lehrplan an Schulen und Hochschulen verengt die Möglichkeiten für Fächer jenseits der harten Fakten, auch der Bachelor und der Master werden bei uns weitaus weniger divers verstanden.

Im deutschen Hochschulsystem ist eben zentrales Ziel, seinen Bachelor- oder Masterabschluss möglichst schnell zu erreichen.

Ich selbst musste in den USA einen Masterabschluss machen, weil mein Diplom dort 1983 nicht anerkannt wurde. Damals dachte ich mit meiner deutschen Seele: Oh Gott, dann bin ich die Älteste im Semester! Das Gegenteil war der Fall, ich gehörte zu den Jüngsten. Warum? Weil sehr viele Amerikaner vor Eintritt in den Bachelor ganz selbstverständlich andere Dinge tun: eine Ausbildung absolvieren, eine bestimmte Arbeit ausprobieren, Kinder kriegen. Bei uns ist alles irgendwie vorgegeben, ordentlich in Schubladen sortiert: Alle Kinder sollen mehr oder weniger gleich alt sein, wenn sie in die Schule kommen, und möglichst aus derselben sozialen und kulturellen Schicht stammen; anschließend sollen sie in der Gruppe Gleichaltriger mit dem Abitur und dem Studium fertig werden – das alles ist das Gegenteil von *diversity*. **In Deutschland beginnt Diversität im Grunde erst mit dem Berufseintritt in einen international ausgerichteten Konzern. Das ist absurd.**

Immerhin wird Diversity-Management in deutschen Unternehmen immer stärker Thema. Wie bewerten Sie die Öffnung hin zu kreativeren Arbeitszeitmodellen?

Das ist ein Fortschritt, ohne Frage. Ich sehe in Deutschland aber bislang keinen wirklichen Kulturwandel weg vom vorherrschenden Alleinverdienermodell, das sich ja auch im Renten- und Krankenkassensystem wiederspiegelt. Es gibt vereinzelt kreative Arbeitsangebote, die gut ausgebildete Arbeitskräfte mittlerweile einfordern. Aber diese Angebote werden von den Unternehmen längst nicht so überzeugend und leidenschaftlich umgesetzt und gelebt wie in den USA, in England oder den skandinavischen Ländern, wo man in den vergangenen Jahren diesbezüglich Sprünge vollzogen hat. Deshalb glaube ich auch, dass der Markt der internationalen Toptalente weiter an Deutschland vorbeigeht. Ein deutscher Kollege und junger Familienvater, der in Schweden lebt, hat es kürzlich auf den Punkt gebracht: Warum soll ich nach Deutschland zurückkehren, wieder in eine Kultur reingehen, die diese Scheuklappen auf hat und mir und meiner Frau eine Vier-Tage-Woche verbietet?

Geraten die deutschen Hochschulen jetzt im Wettbewerb um die klügsten Köpfe ins Hintertreffen?

Ja, diese Gefahr sehe ich durchaus. Gerade die weiblichen Arbeitskräfte stehen an deutschen Hochschulen oft schlecht da: systematische Unterbezahlung, eine weitverbreitete Kinderlosigkeit bei wissenschaftlichen Mitarbeiterinnen und Professorinnen, eine lange Ausbeutung des Mittelbaus in Drittmittelprojekten. Wir sind noch dazu schlecht im Umwerben dieser Talente. Andernorts holt der Professor seinen wissenschaftlichen Nachwuchs vom Bahnhof ab, sagt: »Great that you are here!«, und beide machen dann erst einmal einen Stadtbummel – das macht allen Unterschied der Welt aus. In Harvard wurde ich schon vor 25 Jahren als Studentin im Promotionsprogramm gefragt: Was braucht Ihr Partner, was brauchen Ihre Kinder? Dann das Thema »Dual Career«: In Deutschland werden Paare nur äußerst ungern an derselben Universität beschäftigt, schon gar nicht im selben Fachbereich. Ich finde es absurd, wie man auf diese Art und Weise Produktivitätspotenziale vergeudet. Dabei lebt doch gerade die Wissenschaft vom intensiven, leidenschaftlichen Austausch über Wissen und Forschungsergebnisse.

Aber nicht nur die deutschen Hochschulen sind beim Thema Familie furchtbar verkrampft – die ganze deutsche Arbeitswelt ist es noch. Als Arbeitgeber darf man beispielsweise im Bewerbungsgespräch das Thema Familienbildung nicht ansprechen, was absolut kontraproduktiv ist. Bewerber müssen diesen wichtigen Punkt selbst ansprechen, und das tun nur die mutigsten. Es gibt keinen gesunden, lebendigen Diskurs. Wenn dann Betriebskindergärten leer bleiben, Kinderbetreuungsangebote bei beruflichen Besprechungen am Abend nicht genutzt werden, junge Väter sich höchstens zwei Monate Elternzeit zutrauen, wundert mich das nicht. Was wir brauchen, sind Arbeitgeber, die aus vollem Herzen sagen: Ja, bekommt Kinder, wir finden das gut, wir unterstützen euch dabei. Das ist ein ganz großer Unterschied.

Sie sagen, in Deutschland gibt es nur eine Einbahnstraße: die Arbeit mit in die Familie zu bringen, aber nie umgekehrt.

Da sind die kulturellen Unterschiede wirklich enorm. An Eliteuniversitäten wie Harvard oder der University of Wisconsin ist es Alltag, dass Professorinnen eine große Vorlesung halten und ihr Säugling steht im Kinderwagen daneben. Als ich an der Ludwig-Maximilians-Universität in München 1994 als Professorin schwanger war, war das fast noch ein ungeheuerlicher Vorfall. Das ist eine meiner Lieblingsgeschichten: Ein wirklich liebenswerter und aufgeschlossener Kollege hat mir damals im siebten Monat auf den Bauch geklopft und gesagt: Da hast du es dir ja richtig gut gehen lassen im Urlaub! Eine Professorin und schwanger? Diese Kombination war einfach undenkbar. Als ich dann meinen kleinen Sohn ganz nach amerikanischem Vorbild mit in die Vorlesung nahm, wurde ich von den Studierenden fast ausgebuht. Die fanden das ein Tabu.

Anschließend wurde Ihr Lehrstuhl der fertilste Lehrstuhl an der Universität.

Es braucht positive Vorbilder, junge Frauen und Männer, die vorleben, dass es geht: Kinder bekommen, sich dafür eine gewisse Auszeit nehmen und dennoch hoch dotierte Mitarbeiterin, Führungskraft oder Professorin werden beziehungsweise bleiben. Dann fassen auch die anderen Mut und bekommen Kinder. Am WZB beispielsweise sehen wir gerade, wie schnell das eine Mentalitätsänderung auslösen kann. Es werden viele Kinder geboren, Väter nehmen lange Elternzeiten.

Was könnten wir jetzt in Deutschland tun? Die berühmte Frage nach dem Bewusstseinswandel.

Um Toleranz zu lernen, muss man früh ansetzen. Wir sehen, dass Personen in ihrem Leben flexibler, entspannter und kompetenter mit dem »Fremden« umgehen, wenn sie schon in der Kindheit Erfahrungen mit ganz anderen Kulturen gemacht haben, wenn sie durch das Erleben einen Eindruck davon erhalten, dass die jeweils anderen auch zu Recht eigene Sitten und Gebräuche haben. Dass dahinter eine eigene Sicht steht, in der auch Gültigkeit, sogar Weisheit stehen kann – das ist eine Facette von Bildung, die wir unbedingt aktiv in die Schulen reinholen müssen. Das ist leider notwendig. Aber es gibt extrem wenig Integrationskindergärten und -schulen, extrem wenige Schulen, in denen jahrgangsübergreifend gelernt wird, obgleich es genau diese Schulen sind, die in nationalen Wettbewerben die Gewinner sind – man lernt also nicht aus preisgekrönten Erfahrungen.

Noch ein Beispiel: Wenn der amerikanische Botschafter in Berlin abends einen Kreis international ausgewiesener Bildungsmarkt- und Arbeitsmarktforscher einlädt und bei sich zu Hause bewirtet, dann ist klar, dass um acht Uhr abends die Tür aufgeht und seine Kinder reinkommen und eine halbe Stunde mit uns verbringen, mit uns reden – das wäre bei uns undenkbar. Ich habe noch nie eine deutsche Einladung bekommen, wo bei so einer Runde die Kinder des Gastgebers auftauchen und für eine Weile aktiv mit dabei sind.

Wie könnte ein Bewusstseinswandel eingeleitet werden?

Ganz oben muss es ein Top-down-Prozess sein. Wie soll man sich denn selbst berufen? Wir brauchen also Frauen in entsprechenden Kommissionen, die Führungskräfte berufen und die einen Wandel in Gang setzen können. Eine Frau allein in einem zehnköpfigen Team genügt auch nicht, die wird in einer solchen Gruppe schnell assimiliert. Ohne politischen Willen, ohne verpflichtende und sanktionierende Regeln wird es wohl nicht gehen.

In anderen Ländern, zum Beispiel in Skandinavien, sind die schon weiter, da wird bereits in Schulen versucht, auch bestimmte Nationalitätenschlüssel zu erreichen. Man achtet darauf, dass die Lehrerschaft internationaler wird, sogar darauf, dass es Lehrer unterschiedlichen Alters gibt, dass Eltern aus unterschiedlichen Kulturen in das System Schule hineinkommen, zum Beispiel auf Veranstaltungen ihre Erfahrungen vermitteln – das wird in den Schulstrukturen selbst also viel diverser und offener gemacht. Und das, was da früh anfängt, setzt sich an den Hochschulen, in Firmen und im allgemeinen gesellschaftlichen Leben fort, das in vielen Ländern nicht so stark segregiert ist wie in unserem.

Beispielsweise kenne ich in Deutschland kaum eine Universität, die ihre Gruppenzusammensetzung bewusst auswählt – die lassen die Studenten ausschließlich aufgrund von Abiturnoten, manchmal kombiniert mit Aufnahmetests zu. Auch dadurch ergibt sich dann und bleibt es so, dass zum Beispiel 85 Prozent der Veterinärmediziner Frauen sind. Dass gewisse Fächer weiterhin stark mit einem Geschlecht assoziiert bleiben. Dass später bestimmte Branchen extrem stark mit einem Geschlecht assoziiert und von diesem förmlich besetzt gehalten werden, während das andere Geschlecht branchentypisch in der Minderheit bleibt. Für die Amerikaner hingegen ist Diversität ein hohes Gut. Die machen an den Spitzenunis Reklame damit – Motto: Je diverser, desto besser.

JUTTA ALLMENDINGER

Mit ihren Forschungen zu den Themen Bildungsgerechtigkeit und Soziologie des Arbeitsmarktes beteiligt sich Jutta Allmendinger immer wieder an öffentlichen Debatten. Ihre Karriere begann mit dem Studium in ihrer Heimatstadt Mannheim, später ging sie in die USA und promovierte schließlich an der Universität Harvard. Heute leitet sie als erste Frau das Wissenschaftszentrum Berlin für Sozialforschung (WZB). Gleichzeitig lehrt sie als Professorin für Bildungssoziologie und Arbeitsmarktforschung an der Humboldt-Universität zu Berlin. 2009 erhielt sie für die herausragende öffentliche Vermittlung ihrer Forschungsarbeiten den Communicator-Preis des Sitfterverbandes und der Deutschen Forschungsgemeinschaft.

Aufzug im Brandfall
nicht benutzen

KULTUR DER OFFENHEIT

Kai Teckentrup

Firmen müssen sich mehr zu Milieus kultureller Annäherung entwickeln, meint der Unternehmer Kai Teckentrup. Im Gespräch erklärt er, warum das so wichtig ist und wie sich Diversität im Unternehmensalltag als wertvolle Strategie zur Steigerung von Effizienz und Gewinn einsetzen lässt.

Es heißt, im Mittelstand sei die Welt noch in Ordnung.

In vielen vor allem ländlich geprägten Regionen, wo der Mittelstand stark und erfolgreich ist, glauben Führungskräfte oft immer noch, dass das, was wir in den Sechziger- und Siebzigerjahren als Kinder erlebt und verinnerlicht haben, immer noch die Norm sei. Dass Betriebsmitarbeiter eine Kernfamilie mit zwei Kindern haben, entweder katholisch oder evangelisch sind und von der Familientradition her fest in der Region verwurzelt. Aber heute leben viele Kinder nicht mehr in geregelten Vater-Mutter-Beziehungen, die meisten Mitarbeiter kommen nicht mehr aus der Region und wir haben in der Firma bei Weitem nicht mehr nur Deutsche. Wir haben einen gesellschaftlichen Wandel. Deswegen wird es für mich als Chef wichtiger, dass ich mich diesem Wandel stelle. In diesem Zusammenhang gefällt mir »Offenheit« als Maßgabe übrigens weit besser als »Integration«, weil Integration als Begriff impliziert, dass man einen Migranten nehmen und ihn zu einem

Deutschen machen könnte. Aber wichtiger ist doch, dass wir weder den Deutschen haben wollen, der Ausländer diskriminiert, noch den Ausländer, der Deutsche oder andere Ausländer diskriminiert oder sich nicht konstruktiv in die Gesellschaft integriert. **Nötig ist eine Atmosphäre der Offenheit für das, was eigentlich schon gesellschaftliche Realität ist – auch im Betrieb.**

»Offenheit« – was bedeutet das für Sie als Unternehmer?

Offenheit bedeutet, dass ich es mir im täglichen Geschäft zutraue, mich für neue Ideen und Perspektiven zu öffnen. Weil es dafür gute Gründe gibt und es auch kein Nachteil für mich sein wird, wenn wir alle im Land und im Betrieb mehr Vielfalt zulassen. Viele Studien haben mittlerweile belegt, dass gemischte Teams mit Frauen, Männern, Mitarbeitern mit Migrationshintergrund usw. wirtschaftlicher sind. Wollen wir als Unternehmer dafür sorgen, dass wir weiter innovative Produkte herstellen und den Kostendruck überstehen, sollten auch wir unseren Teil dazu beitragen. Die Menschen, die hier arbeiten und leben, sollen sich im Unternehmen wohlfühlen und in das, was Deutschland wettbewerbsfähig macht, ihre ganze Kraft einbringen können. Wer sich hier nicht zu Hause fühlt, wird auch keine effektive Arbeit leisten können.

Für Sie steigert eine Kultur der Offenheit auch die Effizienz und die Gewinne?

Wir merken den Fachkräftemangel doch schon heute. Wir werden älter und weniger, gleichzeitig gibt es ein hohes Potenzial an Nachwuchskräften mit Migrationshintergrund, denen aber die richtige Ausbildung fehlt. Sprachfähigkeit ist hier einer der Schlüssel. Aber es muss von unserer Seite aus auch eine Wertschätzung für diejenigen geben, die aus anderen Kulturen stammen und jetzt mit uns leben. Viele der Migranten, die in unserem Betrieb arbeiten, entstammen Kulturen, in denen der andere respektiert und wertgeschätzt wird, in denen man gastfreundlich ist. Viele vermissen bei uns eine Atmosphäre, in der sie sich erwünscht fühlen. Eine Atmosphäre, in der sie sich beteiligen können und nicht nur stillschweigend geduldet werden. Sie wünschen sich, dass ihre deutschen Kollegen es nicht sofort sanktionieren, wenn sich in ihrem Handeln kulturelle Unterschiede zeigen. Da ist die Führungsfähigkeit des Unternehmers selbst gefragt – ob er es schafft, mögliche Missverständnisse und Verwerfungen an der Werkbank oder im Büro früh anzusprechen und zu klären. Erst dann müssten Mitarbeiter nicht mehr wichtige Bestandteile ihres Lebens, ihrer Identität verstecken – zum Beispiel, dass sie Moslems sind.

Nehmen wir die Türken in Deutschland ...

... die haben ein ungefähres Kaufkraftpotenzial von 16 Milliarden Euro. Dabei sind sie als Marktgruppe relativ wenig erkannt und wenig erschlossen und natürlich gerade für Unternehmen aus dem Mittelstand sehr interessant, weil man sich hier noch profilieren und positionieren könnte. Aber dann geht es schon los: Vielen Migranten fehlt die Sprachkompetenz und deshalb auch der Kontakt zu Deutschen. Es bilden sich Nebengesellschaften, spezielle Strukturen, die sich auch in deutschen Unternehmen widerspiegeln. Wenn Sie zum Beispiel eine große türkische Belegschaft haben oder eine mit vielen Deutschrussen, entwickelt sich eine dementsprechende Subkultur im Unternehmen. Die entsprechenden Gruppen sitzen in den Pausen zusammen, es gibt kaum noch Austausch. Aber auch innerhalb dieser Subkulturen gibt es Unterschiede und Konflikte, die wir Deutschen gar nicht wahrnehmen. In deutschen Städten bilden sich solche Verwerfungen und Spannungen en gros. In manchen Städten werden ganze Straßenzüge von Libanesen oder von Palästinensern beherrscht, zwischen denen es aus geschichtlichen und politischen Gründen Spannungen gibt. Und wenn in diesen Gruppen viele Jugendliche arbeitslos bleiben, kommt es zu Konflikten.

Und? Dies wäre doch eine Frage der Polizei.

Gegenfrage: Wie viele machen sich die Mühe, sich über diese Kulturen oder Gruppen zu informieren, mehr Einblick in ihre Strukturen zu erhalten, vielleicht sogar einige wenige Worte in der Sprache der »anderen« zu lernen, die einen tagtäglich umgeben? Ist das wirklich so abwegig? Gerade das könnte ihnen vor allem auch als Unternehmer enorme Vorteile einbringen.

Viele Migranten honorieren es enorm, wenn man gegenüber ihrer Heimatkultur ein Minimum an Interesse und Wissen mitbringt. Meiner Meinung nach herrscht viel zu oft Sprachlosigkeit zwischen den Deutschen und den anderen Gruppierungen, die hier leben. Viele Immigranten haben mittlerweile auch resigniert, was natürlich auch mit Fehlern und falschen Einstellungen innerhalb dieser kulturellen Gruppen zu tun hat. Aber Hand aufs Herz: Wir Deutschen werden im Ausland für viele tolle Eigenschaften zu Recht bewundert – Gastfreundschaft und eine Kultur der Offenheit gehören nicht immer dazu.

Und nun?

Ich war oft erstaunt, wie schnell in meinem Unternehmen Reserviertheit der »anderen« in Offenheit umschlägt, wenn man, sozusagen als deutscher Gastgeber, zuerst mal selber Offenheit zeigt, anstatt in seinem Verhalten permanent subtil vorzugeben, dass »die« jetzt so sein zu haben wie »wir«. Das kann beispielsweise gelingen, wenn man im Betrieb einen neuen Takt vorgibt, auf Höflichkeitsformen und Verhaltensweisen der jeweils anderen Kultur achtet, Migranten zu ihren eigenen Feiertagen gratuliert oder vielleicht sogar minimale Sprachkenntnisse des Türkischen oder Arabischen vorweisen kann. Sie könnten und sollten, ohne sich anzubiedern, das kulturelle Erbe der Schüler, Auszubildenden und Mitarbeiter ernst nehmen – das hilft enorm.

Respekt allein genügt sicher nicht.

Vor allem sollte man lernen, die informellen Strukturen, die jeweilige Logik, nach der eine homogene Gruppe im Unternehmen zu eigenen Entscheidungen kommt, für sich zu nutzen.

Und das bedeutet?

Migrantengruppen sind meist subtil hierarchisch geprägt. Manchmal haben bestimmte Familien mehr Einfluss, manchmal gibt es ausgeprägte Clanstrukturen, an deren Verhalten richten sich die anderen dann aus. Meistens gibt es informelle Sprecher, Personen, an die sich Einzelne wenden, auf deren Rat man hört. Diese Personen gilt es im Unternehmen zu identifizieren, um mit ihnen in Kontakt zu kommen. Sie können

Aufzog im Brandfall
nicht benutzen

davon ausgehen, dass es in jedem Betrieb, in dem viele Migranten arbeiten, solche informellen Strukturen gibt, die der deutsche Chef meistens gar nicht kennt. Zum Beispiel haben wir in unserer türkischen Belegschaft einen Mitarbeiter, der intern als Sprachrohr fungiert. Wenn Sie sich mit so einer inoffiziellen Respektsperson auseinandersetzen, ihr Ihre Pläne erläutern, werden innerbetriebliche Maßnahmen und Initiativen nach einer gewissen Anlaufzeit deutlich effektiver. Der deutsche Weg ist ja immer offiziell. Ergo beschließen Sie etwas, dann machen Sie das transparent, zum Beispiel, indem Sie einen Aushang machen. Das kommt bei Personen, die sich nicht zugehörig fühlen, dann nur *top down* rüber. Wir hatten zum Beispiel immer wieder über Aushänge Deutschkurse für Migranten in unserem Unternehmen angeboten. Aber nur wenige haben sich darauf gemeldet. Nachdem wir aber mit einem bestimmten Vorarbeiter gesprochen haben, der das Projekt intern erklärte und somit gewissermaßen absegnete, haben sich auf einen Schlag über sechzig Leute für ein einziges Sprachtraining eingeschrieben.

Was zeigt das Beispiel im Kern? In der Regel haben die Leute Angst. Sie wollen nicht zugeben, dass sie kaum Deutsch können und fürchten Nachteile, wenn sie sich melden. Nutzen die

Unternehmen aber die informellen Strukturen und sprechen informelle Respektspersonen im Betrieb gezielt an, wäre das ein erster wichtiger Schritt, dass unternehmerische Maßnahmen auch bei den Migrantengruppen im Betrieb ankommen und verstanden werden.

Was wäre eine Hürde, die man bei dem Prozess der Annäherung, den Sie beschreiben, erfahrungsgemäß antizipieren sollte?

Gerade im Mittelstand und in kleineren Betrieben müssen Sie persönlich vorleben, dass Sie im eigenen Unternehmen die Verkrustungen tatsächlich aufbrechen möchten. Sie werden immer an dem gemessen, was Sie tun. Wenn der Chef schon bei Witzen, die auf Kosten von bestimmten Gruppen gehen, nicht reagiert, dann hat das sofort Signalwirkung für alle anderen. Wichtig ist also, dass *diversity* zu einem Unternehmensansatz wird, der auch vom engen Führungskreis ernst genommen wird. Es geht für die Leitung ja darum, die Effektivität des Unternehmens zu steigern. Denn es kostet langfristig viel mehr, sich nicht mit *diversity* auseinanderzusetzen. Das muss jedem im Kernteam oder Führungsstab klar sein. Und: Die Maßnahmen, die nötig wären, sind nicht teuer. Denn bereits mit einer geschickteren, besseren Kommunikation innerhalb des Unternehmens können Sie viel verändern. Das Potenzial hier ist groß. Allerdings haben erst rund 700 bis 800 deutsche Unternehmen – von über 20.000 – die »Charta der Vielfalt« unterschrieben – die meisten davon Großunternehmen. Im Mittelstand ist das Thema also noch gar nicht angekommen. Es fehlt auch politisch an Konzepten, wie man Mitarbeiter besser in den Arbeitsalltag integrieren kann. Das Programm der Bundesregierung »Vielfalt als Chance« ist ein guter Ansatz, aber leider kennt es kaum einer. Wer weiß denn schon, was Diversity-Management ist?

Wie wichtig wäre für Unternehmen die Zusammenarbeit mit Hochschulen, die ebenfalls auf *diversity* setzen? Oder die staatliche Förderung von Diversity-Programmen in bestimmten Regionen mit hohem Anteil an Migranten?

Wir haben in vielen Bereichen eine Fehlsteuerung von Bildungsinvestitionen. **Bildungspolitik, die Talentreserven erschließen**

soll, muss regionaler werden. Denn Bildungsinvestitionen gehören zuerst in diejenigen Regionen, die eine breite noch nicht erschlossene Talentbasis zum Beispiel im Arbeiter- oder Migrantenmilieu aufweisen können. Das Ruhrgebiet ist hierfür ein Beispiel. Wir wissen ja, dass etwa achtzig Prozent der Akademikerkinder wieder an die Hochschule gehen, das heißt, das akademische System reproduziert sich weitgehend selbst. Gleichzeitig kommen aus Arbeiterfamilien etwa nur zwanzig Prozent der Kinder an die Hochschule. Eine Hochschule wie die Westfälische Hochschule in Gelsenkirchen, die regional eher im Arbeiter- oder Migrantenmilieu verwurzelt ist, muss hier also schon im Vorfeld weit mehr leisten als eine Hochschule, die regional fest im bürgerlichen Umfeld angesiedelt ist. Sie muss Wühlarbeit leisten, an die Schulen gehen und werben, mit Eltern und Lehrern in Kontakt treten, Vorurteile aufbrechen und junge Leute motivieren, einen ganz anderen Bildungsweg einzuschlagen als familiär üblich und so weiter. Das sollte bildungspolitisch honoriert werden. Denn so eine Hochschule hat viel mehr Aufwand, sie entwickelt vielleicht eine Einstiegsakademie, um Erstsemestern überhaupt erst zu vermitteln, was Studieren eigentlich heißt. Doch das kostet Geld. Aber dafür entwickeln sich zum Beispiel an einer Fachhochschule neue Potenziale, an die ich als Unternehmer vielleicht noch nie gedacht habe.

Viele tun immer noch so, als ob es nur den Normstudierenden gäbe.

Aber neben dem Normstudenten sitzt der Kommilitone, der vorher eine Meisterausbildung gemacht hat oder eine technische Ausbildung am Berufskolleg oder sich für einen dualen Studiengang entschieden hatte. Da müssen sich manche in Deutschland noch daran gewöhnen, dass sich nicht nur die Fachhochschulen verstärkt sich der Quellen bedienen werden.

Was könnten die Unternehmen beitragen, um *diversity* salonfähiger zu machen?

Von Unternehmerseite her sind vor allem regionale Diversity-Netzwerke sinnvoll. Für mich bringt es natürlich nichts, wenn ich nur als der Unternehmer Teckentrup in unserer Region *diversity* betreibe. Die Region an sich muss für die relevanten

Gruppen interessant werden. Wir haben hier in Ostwestfalen deshalb das »Unternehmen Vielfalt OWL« mitgegründet und eine ganze Reihe Firmen zusammengebracht – ich spreche auch vom Mittelstand runter bis zu zwanzig oder fünf Mitarbeitern. Das ist für alle nun vollkommen neu, ein Experimentierfeld, aber gerade deswegen spannend. Wir entwickeln in jedem unserer Treffen neue Instrumente, die kleine und mittlere Unternehmen verwenden könnten. Zum Beispiel können kleine Betriebe gemeinsam Kindergärten gründen oder vereinfachte Betriebs- und Sicherheitsanweisungen entwickeln, die auch Migranten hundertprozentig korrekt verstehen. Es gibt viele konkrete Ideen – oft wäre hier also keine staatliche Unterstützung nötig. Nötig wäre allerdings, dass man diesen Wissensaustausch zwischen Unternehmen landesweit besser organisiert. Es müssen sich Diversity-Netzwerke bilden, eine Community von Unternehmern, die sich gegenseitig unterstützen.

KAI TECKENTRUP

Kai Teckentrup ist Geschäftsführer der Teckentrup GmbH & Co. KG in Verl-Sürenheide. Seit 1998 führt er das mittelständische Familienunternehmen mit Schwerpunkt Sicherheits- und Feuerschutztechnik in dritter Generation. Teckentrup zählt zu den größten Herstellern von Türen und Toren in Europa, beschäftigt rund 850 Mitarbeiter und hat im Jahre 2011 einen Umsatz von circa 140 Millionen Euro erzielt.

SOZIALE HERKUNFT

BILDUNG UND BEGABUNG

Wie sich Gesellschaften erfinden

DUNG?

RBILDER

ILDUNG?

R INNOVATION

BILDUNG

BILDUNGSSOLI

WIE SCHULEN GELINGEN

ON INDIVIDUALISIERUNG

AVIEN

ER INNOVATION

VORBILDER

Gunter Dueck

ABSTIEG UND EXZELLENZ

Das Internet als gesellschaftliches Betriebssystem verändert unsere Welt. Im Interview erklärt der Mathematiker und Philosoph Gunter Dueck, warum es für jeden notwendig wird, sich diesem Wandel zu stellen – vor allem auch in den Schulen.

Wie ist die Lage im Land?

Der Zustand, den wir im internationalen Vergleich abgeben, ist ganz in Ordnung, durchschnittlich eben – Note drei. Ich finde das aber niederschmetternd. Wir sind von ganz oben dahin abgestiegen. Wohin geht die Kurve nun weiter? Sind wir morgen immer noch durchschnittlich? Wir haben akzeptiert, dass uns ein Land nach dem anderen abhängt, dazu sagen wir: »Singapur, das ist ein ganz kleines Land, die haben auch eine andere Mentalität. Skandinavien? Das sind auch nur ein paar Millionen. Die Schweiz? Na gut, ein Sonderfall.« Immer mehr Länder werden besser als wir und wir rationalisieren das.

Ach Herr Dueck, am liebsten würden Sie doch ganz Deutschland neu erfinden.

Es gibt Konzerne, die sich jetzt völlig neu erfinden, Siemens richtet sich strategisch auf Medizintechnologie aus. Für IBM ist es mittlerweile normal, sich stets aufs Neue in Geschäftsfelder hineinzuwühlen, die gerade erst entstehen, und da massiv zu investieren. Das müsste man dringend auf nationaler Politikebene wenigstens versuchen. Wir müssen also definieren, wofür Deutschland in der Welt stehen könnte und was wir der Welt geben könnten. Statt alte Berufe, Identitäten und Industriezweige endlos zu subventionieren, damit sie nicht »verloren« gehen, bräuchten wir Klarheit darüber, wie man sich vom Alten langsam aber, sicher verabschiedet.

Sie sagen, moderne Gesellschaften werden sich radikal ändern und wir brechen auf in Richtung Exzellenzgesellschaft, was genau verstehen Sie darunter?

Die Automatisierung vieler Dienstleistungen durch die IT-Revolution hat gerade erst begonnen. Viele Dienstleistungen, an die wir gewöhnt sind, wird es in der bestehenden Form – also von Menschen ausgeübt – bald nicht mehr geben. Viele Berufe werden erst einmal halb automatisiert – in eine Art Callcentermodell. Dann wird noch weiter standardisiert und schließlich verschwinden die Jobs langsam in Zeitverträge, Niedriglohnjobs oder im Outsourcing. Zuletzt wandern die Tätigkeiten als voll automatisierte IT-Software komplett ins Netz. Egal, ob bei komplexeren Dienstleistungen morgen oder bei Reise- und Bankberatungen schon heute – das normale, durchschnittliche Know-how, das wir früher von den Dienstleistern erhielten und bezahlten, stellen wir uns aus dem Internet selbst zusammen. Sie finden schon heute selbst heraus, welchen Flug Sie möchten, haben alles im Netz verglichen und kaufen das Ticket online. Reisebüros müssen neue Services anbieten, wenn sie überleben wollen, sich zum Beispiel auf eine Region spezialisieren und die Glaubwürdigkeit vermitteln, sich richtig auszukennen. Dieser Trend läuft immer weiter. Normale Jobintelligenz wandert ins Internet ab. Eigentlich müssten sich Millionen schon heute fragen: »Was kann ich in meinem Beruf einem Kunden noch sagen, was er nicht in zwei Stunden selber im Netz recherchiert hat?«

Man könnte das jetzt beklagen.

Aber warum muss zum Beispiel eine Mutter stundenlang mit ihrem schreienden Kind im Wartezimmer sitzen, um darauf zu warten, dass »ein Experte« ihr sagt, was sie schon längst weiß – nämlich dass ihr Kind Masern hat? Warum gibt es für medizinische Routinefälle keine Medizinportale, virtuellen Callcenter, an die man sich auch nachts um zwei Uhr wenden kann? Warum kann ich mir Standardrezepte nicht im Netz freischalten lassen und sofort zu Hause ausdrucken?

Ich höre schon all jene aufschreien, die sich als Dienstleister noch privilegiert wähnen. Ärzte und Apotheker zum Beispiel.

Aber das ist nicht mehr aufzuhalten. In vielen Branchen werden nur noch diejenigen Erfolg haben, die deutlich bessere, individualisierte Services und spezialisiertes Erfahrungswissen anbieten, zum Beispiel Anlageberater, die sich wirklich auskennen. Routineleistungen wandern ins Netz ab, die nötige Software dazu wird für viele Branchen gerade entwickelt. **Das Internet wandelt sich zu einem Betriebssystem der Gesellschaft, das nicht nur Basisinformationen, sondern Schritt für Schritt auch immer mehr Basisdienstleistungen zur Verfügung stellt.** Zusätzlich bräuchten wir noch wirklich exzellent ausgeführte Expertise, individualisierte Services und Insiderinformationen – keinen durchschnittlichen Standard. Die scharfe Kritik der Medien an der oft schlechten Anlageberatung durch Banken wäre ein Beispiel für diesen neuen Verbraucheranspruch. Durch die Vergleichsmöglichkeiten im Internet steigen die Ansprüche rapide, die Verbraucher machen in Netzforen Qualitätsunterschiede transparent – und auch, weil das Bildungsniveau steigt, schmeckt vielen das Durchschnittliche nicht mehr. Dieser Druck auf Lehrer, auf Erzieherinnen, auf Therapeuten, Anwälte, Ärzte, aber auch auf die Politiker, bessere Resultate zu erbringen, nimmt stetig zu.

Und während sich die einen noch coachen lassen, sprechen die anderen schon von Burn-out? Verstehe.

Ich kann das jetzt bedauern. Aber die dringende Aufgabe der Politik wäre es nun, sich zu überlegen: Wie bringe ich diese vielen Leute, die immer noch denken, sie hätten ihren lebenslangen Job sicher in der Tasche, in diesen höheren Leistungssektor rein?

Dieser Druck, sich sozusagen auf die Reise zu machen …

… hin zu einer höheren Ebene von Meisterschaft, ja …

… der gilt doch nur für Freiberufler?

Nein. Wir sehen in großen Firmen jeden Tag, was Mitarbeiter verstärkt eigentlich leisten müssten: Nämlich wiederum andere Mitarbeiter begeistern, ihnen mit Kraft, mit Kompetenz, mit Charme Ideen vermitteln, sie mit klugen Visionen überzeugen. Dafür muss man aber Menschen überhaupt verstehen. Man muss befähigt sein, wirklich mit ihnen zu kommunizieren. Zu viele »Fachleute« können das gar nicht. Sie wurden nie dafür ausgebildet, das war nie Gegenstand unseres Bildungssystems.

Jetzt übertreiben Sie doch.

Bei IBM und vielen anderen Firmen sind Menschen heute andauernd und fast hauptsächlich mit übergreifenden, komplexen Projekten beschäftigt. Oder schauen Sie auf die Komplexität politischer Gesetzesprojekte, die großen Bauprojekte, SAP-Einführungen, was immer Sie wollen. Oft genug bewegt sich da sehr wenig, dann erkennt man, dass Projekte stottern. Wenn

man sich danach zusammensetzt und fragt, warum das nicht funktioniert, dann sagen die Leute »Die Komplexität hat zugenommen, du kannst dir nicht vorstellen, wie kompliziert das ist.« Oder: »Die Kommunikation war schwierig, wir konnten uns nicht einigen. Die Interessenkonflikte waren zu stark, es war keine gemeinsame Vision in dem Projekt.« Oder: »Wir haben uns dauernd gezankt, da waren Leute, die wollten nicht.« Und so weiter.

Es fehlen Persönlichkeiten, die führen können.

Es fehlen Leute, die eine Vision haben, die etwas Schönes erschaffen, denen die Leute von sich aus folgen, weil sie ihrer eigenen Stimme folgen – weil sie zuhören und sich Gehör verschaffen können. Steve Jobs konnte Computer erschaffen, die schön sind und funktional zugleich. Da hatte man bei Apple also eine Vision, hat diese über Jahre halten können und dann umgesetzt. Warum können denn die anderen das nicht? Stattdessen bleibt als einzig Einigendes oft nur «Wir müssen Geld sparen« oder »Wir müssen die Nummer eins werden«. Dann kommt ein gewisser Druck auf das Ganze, aber es kommt nichts bei den Menschen in Bewegung. Am Ende lahmt das ganze System. Zu viele sagen heute: »Wir haben die besten Leute, die besten Produkte, aber irgendwie fehlt uns die Power, unsere Produkte auf die Straße zu bringen.« Oder: »Unsere Partei hat das beste Programm, leider versteht uns der Wähler nicht, leider verstehen wir nicht, wie man die Massen mobilisiert.« Was die Gesellschaft statt solcher Selbsttäuschungen bräuchte, sind Visionen, die den Mitarbeitern selber einleuchten. Diese aktivieren Ideen, möchte man folgen, weil sie Spaß machen …

… weil sie Sinn machen …

… weil sie Kräfte freisetzen und eine Gleichrichtung von Kräften bewirken, ohne dass Menschen manipuliert werden oder sich zu Recht manipuliert fühlen.

Sie hoffen auf einen gemeinsamen Aufbruch, auf neue gesellschaftliche Visionen vor allem auch für das Bildungssystem. Warum kritisieren Sie die Leistungen der Schulen so sehr? Man könnte meinen, Schule sei für Sie eine Art Fabrik, eine Art letzter Ausdruck von Staatssozialismus.

Ich stelle Ihnen die Gegenfrage: Warum haben so wenige Spaß in der Schule? Warum wird so wenig in der Schule gelernt, ich meine wirklich verinnerlicht und freudig ins Leben getragen? Kinder werden durch die Schulen geschoben wie in einem standardisierten Prozess zwecks Fütterung mit Wissen. Viele Lehrer rackern sich an diesem industrialisierten Fast-Food-Fütterungsprozess redlich ab, versuchen, da Qualität reinzubringen. Aber für alles, was mit Persönlichkeitsbildung oder mit den heute so dringend gebrauchten Soft Skills zu tun hat, fühlt sich kaum jemand zuständig. Zudem drückt die wachsende gesellschaftliche Spaltung auf das Bildungssystem. Ich meine, dass manche, die durch ihr Elternhaus noch einen relativ vernünftigen sozioökonomischen Hintergrund vermittelt bekommen haben, oft noch relativ mühelos durch die Schule rauschen. Die anderen haben es schwieriger. Das verschärft die Spannungen. Es kommt zu gegenseitigen Schuldzuweisungen zwischen Eltern und Lehrern. Die Eltern sagen, die Erziehung, die Vermittlung von Persönlichkeit, das muss die Schule leisten. Die Schule sagt, sie habe den Anspruch, dass Kinder schon gut erzogen beim Unterricht abgeliefert werden, und sie sie dann nur noch mit Wissen befüllt. Die Verantwortung für die Persönlichkeit eines Menschen wird im System hin- und hergeschoben. Aber viele Eltern können das gar nicht mehr leisten. Und die standardisierte Schule kann es auch nicht, sagen Lehrer und Schulleiter, denn sie hätten schon genug Schwierigkeiten mit immer dichteren Lehrplänen.

Aus Ihrem Munde klingt das, als wäre unser Bildungssystem reif für eine Revolution.

Und zwar durch das Internet. Viele Universitäten stellen bereits die Vorlesungen ins Web. Es gibt schon Lehrfilmsammlungen mit einigen Tausend Stücken. Die Eliteuni MIT, das Massachusetts Institute of Technology, hat schon Hunderte ihrer Vorlesungen auf YouTube. Stellen Sie sich vor, Sie könnten die besten Denker unserer Zeit quasi live miterleben, von ihnen lernen. Dahinter steht schon die Zukunftsprognose von Bill Gates …

… dass das Internet die Universitäten ablösen wird? Sie scherzen.

Dass wir gemeinsam ein neues Paradigma wagen, wie Bildung gelebt und organisiert werden kann. Warum soll Bildung nicht Spaß machen? Warum kann ich in Physik keinen virtuellen Baukasten einsetzen, mit dem Kinder am Laptop ein virtuelles Haus verkabeln, die kirchhoffschen Gesetze selber am Computer überprüfen oder sich in einer anderen intelligent designten Lernsoftware auf Entdeckungsreise in der Weltgeschichte begeben, wo sie Lehrinhalte selber herausfinden? Was soll das, ein ganzes Jahr zu deutscher Erdkunde aus einem Buch vorgebetet zu bekommen, danach Europa, dann Übersee? Ich bitte Sie, kann ich nicht gleich einfach Google Earth nehmen? Zuerst mit allen zusammen in der Klasse am Großbildschirm, damit jeder sieht, um was es gleich in der Aufgabe gehen wird, dann gemeinsam Ziele definieren und dann jeder für sich oder in Gruppen interaktiv aufbereitete Inhalte nutzen? Sodass die Lösung eines Problems nicht schon zu Beginn erzählt wird, sondern dass die Schüler über das Herantasten und Fragen entdecken, wie spannend und wie wichtig das alles eigentlich ist? Glauben Sie wirklich, die sind zu dumm dafür? Glauben Sie, nur weil wir das als Kinder ertragen mussten – wie unsere Eltern vor uns auch –, müssten sich Kinder für immer und ewig ein Jahr lang mit einem abstrakt definierten Thema befassen, wenn ich es auch als Digital Native in einer Woche schaffen kann, die wichtigsten Zusammenhänge zu begreifen, wenn mir dafür Lernsoftware zur Verfügung steht, welche die Inhalte intelligent und interaktiv aufbereitet? Kinder könnten das alles in der Hälfte der Zeit lernen, und zwar mit Spaß und mit Begeisterung.

Das klingt mir jetzt sehr nach deutschem Idealismus.

Wir leben im 21. Jahrhundert! Aber wenn wir Schulen betreten, finden wir uns zu oft im 19. Jahrhundert wieder. Warum schaffen wir nicht eine gemeinsame Wiki-Plattform, auf der Bildungsträger, Stiftungen und Initiativen Schritt für Schritt alle relevanten Lehrinhalte in bestmöglicher Form einstellen? Zum Beispiel alle Theaterdramen als Videos und in verschiedenen Interpretationen, alle wichtigen Künstlerbiografien, die

Sekundärliteratur spannend aufbereitet? Dasselbe sammeln und erstellen wir zu Tieren, zu Ökosystemen, zu anderen Themen, spannende Lehrfilme, interaktive Schaubilder und Diagramme, kombiniert mit Hörbuchelementen verschiedener Formate. Man müsste diese Infrastruktur als Wiki über Jahre bestmöglich entwickeln. Wie sehen die Wissensrepräsentationen der Zukunft aus? Wie etwa zum Schwanensee mit Materialien für Balletttänzer zum Einstudieren mit Choreografievorschlägen plus Aufführungserfahrungen? Das muss man ordentlich machen, und das kostet Millionen. Deutschland könnte sich hier als führender Produzent von *culture technologies* etablieren. Die ganze Welt würde solche intelligenten E-Books bestellen, wo Inhalte aussehen wie in Wikipedia und wo Fehler über Nutzer automatisch korrigiert werden. Neue Lehrinhalte tragen sich in den Wiki-Büchern einfach selber nach. Und dann hätte ich gerne all dieses Wissen als »Können-, Trainings- und Erfahrungssammelspiel« frei für jeden Schüler auf einem Tablet und damit das Ende der digitalen Kluft zwischen Arm und Reich, zwischen Migranten- und Professorenhaushalt. Wäre das kein Exportschlager?

Man könnte Bildung öffnen, ein offenes Wiki-Portal schaffen, die Jugend und die Lehrer der Welt dazu aufrufen, das alles als Open-Source-Gemeinde weiterzuentwickeln. Schüler schreiben dann Artikel, drehen Filme, Lehrer tun sich zusammen, fühlen sich für Themenkreise gemeinsam verantwortlich. Darf das überhaupt gedacht werden? Und Sie sagen, das ist utopisch? In der Welt da draußen wird das gerade zum Standard – als Technologie wie als kulturelles Paradigma.

Das funktioniert natürlich nur, wenn wir unser Menschenbild infrage stellen.

Bis jetzt stellten wir Kinder unter einen Generalverdacht, faul zu sein. Deswegen auch die Fixierung auf die Noten. Dass die Anforderungen eines massentauglichen Systems aber deren individuelle Begeisterung und Kreativität killt, verdrängen wir. Und wir behandeln Lehrer, als ob sie durch Bildungsbürokratie kontrolliert werden müssten, als ob jeder Schritt an der Schule, jede Lehrleistung zum Zwecke der Kontrolle objektiv messbar gemacht werden müsste. Wir wären überrascht, was alles geschehen würde, wenn wir Lehrern die Chance geben würden, in Freiräumen neue Kompetenzen zu entwickeln und als Mentor, Wissenscoach und Entwicklungshelfer von intelligenter Software unterstützte Entdeckungsprozesse zu begleiten …

Ich halte das immer noch für utopisch.

Kennen Sie Salman Khan? Das ist ein Hedgefonds-Analyst aus den USA, der vor wenigen Jahren damit begann, mit einem Headset und einem kleinen Computerprogramm einfache, gut erklärte Lehrvideos herzustellen. Über 65 Millionen Mal wurden bis jetzt seine über 2.500 Lehrvideos über Algebra, Physik, Wirtschaft, Chemie, Geschichte und Computerwissenschaften auf YouTube angeklickt. Da schicken Kinder und Jugendliche aus der ganzen Welt enthusiastische Dankesschreiben per E-Mail, weil sie in den Videos endlich kapieren, was der Lehrer an der Tafel eigentlich meinte. Das ist Teil einer neuen Revolution: Kostenlose Bildung für die Welt. In hoher Qualität. Bildung, die Spaß macht. Übrigens hat Khan mittlerweile seinen Bankerjob an den Nagel gehängt. Er leitet jetzt die »Khan Academy«, finanziert wird das unter anderem durch die Gates Foundation. In Interviews sagt er, er habe das erste Mal in seinem Leben das Gefühl, wirklich etwas zu verändern. Und ich sage Ihnen, wir schlafen in Deutschland. Wenn wir das nicht selber machen, dann macht das alles Google für uns und dann sagen wir: »Nein, diese Inhalte wollen wir nicht. Das ist uns alles zu amerikanisch.«

GUNTER DUECK

Als Chief Technologist entwickelte »Wild Duck«, wie Gunter Dueck von Kollegen und Freunden scherzhaft genannt wird, bis 2012 für IBM neue Ideen und Innovationen. Der als Querdenker bekannte Mathematiker und Philosoph attackiert in seinen Vorträgen, Büchern und Kolumnen bekannte und überholte Denkmuster. Dueck arbeitete lange Jahre als Professor für Mathematik an der Universität Bielefeld, bevor er 1987 an das Wissenschaftliche Zentrum der IBM in Heidelberg wechselte. Er war Mitglied der IBM Academy of Technology, deren Mitglieder strategische Studien für die Zukunft des Unternehmens erstellen und das Management beraten. Neben Sachbüchern zur Zukunft der Informationsgesellschaft publiziert er satirisch-philosophische Bücher über das Leben, die Menschen und Manager.

Ulrike Stedtnitz

MYTHOS BEGABUNG

Fördern kann auch zur Falle werden, sagt die Erziehungspsychologin Ulrike Stedtnitz. Gefährliches Halbwissen bei Eltern wie Pädagogen verhindert den Blick auf die Defizite im Bildungssystem. Was Kinder wirklich benötigen, sind vielfältige und kreative Möglichkeiten, zu lernen und sich zu entwickeln. Verändert das auch die Gesellschaft?

Frühkindliche Förderung ist in Mode. Vor allem in den Metropolen, so hört man, üben ehrgeizige Eltern aus dem Mittelstand Druck auf Kinder wie Lehrer aus. Die Anforderungen an das Bildungssystem steigen, Kinder sollen funktionieren, leistungsstark sein. Eltern machen schon bei sehr kleinen Kindern besondere Begabungen aus und machen Druck auf Schulen und Kitas, die attestierte »Hochbegabung« auch angemessen zu fördern.

Dabei drückt Hochbegabung als Begriff etwas Statisches aus, etwas, womit wir angeblich schon auf die Welt kommen und das man im Kindesalter klar identifizieren kann – indem man zum Beispiel beobachtet, dass einem Kind etwas besonders leichtfällt. Aber niemand kann genau definieren, was solch ein statisches Konzept menschlicher Begabung genau beschreiben soll. Die viel wichtigere Erkenntnis, dass Menschen Entwicklungsprozesse darstellen und dass viel harte Arbeit notwendig ist, um Kompetenzen überhaupt zu entwickeln, wird in dieser Sichtweise gerne außen vor gelassen. Stattdessen entsteht durch die angebliche »Begabung« eine Erwartungshaltung, die Kinder, Lehrer und auch die Eltern selbst ungemein stresst.

Kinder ab einem Intelligenzquotienten (IQ) von 130 gelten doch als hochbegabt.

Der IQ-Wert ist nur ein Durchschnittswert, der sich aus verschiedenen Stichproben und schulrelevanten Aufgabentypen zusammensetzt und durch Faktoren wie Tagesform und Bildungshintergrund weiter verzerrt wird. Erkenntnisse aus dreißig Jahren Intelligenzforschung zeigen, dass dieses Konstrukt viel zu einfach gestrickt ist und dass Begabungen letztendlich nicht objektiv messbar sind. Wir wissen mittlerweile, dass sich das Gehirn in der Pubertät zwischen zwölf und sechzehn Jahren dermaßen dynamisch verändert, dass sich auch der IQ-Wert innerhalb weniger Jahre deutlich ändern kann. Und dass sich auch das Gehirn von Erwachsenen ändert, wenn sie Neues lernen, ist nun bekannt. Trotzdem gibt es diese Tendenz, gerade die Kinder sehr früh in ihrem Leben zu beurteilen und auf einen bestimmten Ausbildungsweg zu »drücken«. Die Neurowissenschaften, Erfahrungen aus der Begabtenförderung und aus der Expertenforschung zeigen heute aber eindeutig, dass wir Kindern und Schulen keinen Gefallen tun, wenn wir an solchen statischen Messsystemen und statischen Beurteilungsmustern festhalten. Wir müssen das dynamisieren.

Wie soll das funktionieren?

Indem wir uns nicht zum Ziel setzen, einzelne Hochbegabte zu identifizieren, sondern an Schulen und Hochschulen ein Umfeld zu schaffen, in dem möglichst viele ermutigt werden, ihre eigenen Fähigkeiten zu entdecken und eigenständig umzusetzen. Wo Intelligenz und Hochbegabung als Prozesse erkannt werden, anstatt etwas zu suchen, was angeblich an sich da sein soll, und zwar im Fall der »Hochbegabung« bei angeblich nur drei Prozent der Bevölkerung.

Der Pädagoge Jean Piaget nannte Kinder »selbsttätige Entdecker«. So gesehen entstehen kreative Prozesse, wenn jemand sich seine eigene Fähigkeit, etwas zu leisten und zu entdecken, im Moment seines Tuns bewusst machen kann.

Genau auf das Leisten solcher Prozesse hat sich das menschliche Gehirn spezialisiert. Intelligenz wiederum entsteht aus einer Unmenge solcher Aktivitäten, die sich dabei ständig wieder ändern. Dazu passt, dass weit mehr Menschen, als wir es gelernt haben, zu glauben, das Potenzial haben, immer wieder hervorragende Leistungen zu erbringen, und zwar in völlig verschiedenen Bereichen. Es gibt die spielerische Intelligenz, die Neues entdeckt. Es gibt Intelligenz im Handwerk, im Garten-, im Straßen-, im Maschinenbau, überall, wo Menschen etwas tun. Und unsere Gesellschaft bräuchte doch viel mehr von dieser natürlichen Pluralität der Intelligenz. Stattdessen erkennen wir Intelligenz nur an, wo Kopfdenker komplexe und abstrakte Dinge noch geschickter ausführen – egal, ob zum Wohl oder zum Schaden der Gesellschaft.

Man könnte meinen, Intelligenz sei für Sie etwas Pluralistisches – fast schon ein demokratisches Gut.

Aber ja. Sieht man sich die Bildungswege von Experten in der Mathematik, in der Musik oder im Schachspiel genauer an, wird klar, dass sich die Intelligenzquotienten Hochleistender aus diesen Bereichen kaum von den IQs »normaler« Personen unterscheiden. Den Unterschied machte die Anzahl von Stunden aus, die eingesetzt wurden, um die jeweilige Kompetenz zu entwickeln. Dabei geht es nicht nur um bloßes Üben – viel wichtiger ist die *deliberate practice* –, also motiviertes, bewusstes Üben, das das eigene Tun hinterfragen kann. Letztendlich geht es auch hier um das Schaffen eines passenden Milieus für den richtigen Lernprozess, um ein Bildungsumfeld, das innere Motivation aktivieren und Umstände erschaffen kann, die es überhaupt ermöglichen, dass eine Motivation ausgelebt wird. Wenn das geschieht, so die heutige Lehrmeinung, kann ein IQ von 110 und möglicherweise sogar darunter völlig ausreichen, um in vielen Bereichen ganz hervorragende Leistungen erbringen zu können.

Was könnte helfen, um diese in uns angelegten diversen Ausdrucksformen von Intelligenz zu wecken?

Bildung war traditionell eine der konservativeren Ausdrucksformen von Gesellschaft. Das musste so sein, weil Bildung auch eine bewahrende Funktion hat. Aber das muss sich jetzt schnell ändern. Die aktuellen Entwicklungen sind zu rasant für das Bildungssystem. Die Wissensverdopplung in den Naturwissenschaften vollzieht sich bald alle paar Monate. Wie wollen wir eigentlich mit den erstaunlichen politischen, gesellschaftlichen Veränderungen weiter umgehen? Natürlich bleibt es für die Basis des eigenen Handelns notwendig, wenn man sich in einer Disziplin gut auskennt. Doch nach dem Prozess des tieferen Verstehens der eigenen Disziplin – was ein Studium oder eine Ausbildung leistet – wird die Identifikation des Gebildeten mit »seiner« Disziplin oft zum mentalen Problem. Dabei führt der Zuwachs an Komplexität in der Welt gerade dazu, dass wir stärker denn je gefordert werden, andere Sichtweisen besser zu verstehen, damit wir komplexen Problemen gerecht werden können. Experten müssen sich daran gewöhnen, in Teams über Disziplinen und Fächergrenzen hinweg zu arbeiten, um gemeinsam Lösungen für komplexe Probleme zu finden. Und das ist eine große Herausforderung.

Weil es auch die gewohnte Berufsidentität bedroht ...

... an die der Status und damit das persönliche Sicherheitsgefühl gekoppelt sind. Deswegen können andere Denkmodelle für »Experten« schnell bedrohlich werden. Haben Sie schon mal Banker über Politiker, Ärzte über Psychologen, Architekten über Bauingenieure lästern hören und umgekehrt? Wie zögerlich verlaufen denn viele Versuche in Forschungsinstituten und Unternehmen, verschiedene Bereiche und Abteilungen oder Forschungs- und Handlungsfelder zusammenzubringen? Dabei wird es Aufgabe der Wissensgesellschaft sein, sich wirklich gemeinsam für die Lösung von herausfordernden interdisziplinären Problemen einzusetzen und mehr Vielfalt im Denken zuzulassen. Deswegen müssten Schulen und Universitäten dafür sorgen, dass Lernende die Mauern der Identität, wie sie um Fächer- und Disziplingrenzen herum gezogen wurden, infrage stellen können.

Was ist mit den Verlierern des Schulsystems?

Ich habe Mühe damit, Menschen überhaupt als Verlierer anzusehen. Klar, das hat viel mit aufgeben zu tun, mit nicht ermutigt werden. Aber wer ist denn da eigentlich der Verlierer? **Wenn Menschen verlieren, verlieren wir doch alle!** Jeder Mensch hat sein sehr starkes Potenzial und es ist die Aufgabe eines Bildungssystems, das hervorzuholen und zu ermutigen. Vielleicht klappt das nicht in den traditionellen Strukturen. Aber dann sind wir herausgefordert, neue Strukturen zu schaffen.

Nobel gedacht. Wie kann man das in die Praxis bringen?

Man sollte auf jeder Ebene die Beteiligung zum aktiven Mitwirken ermutigen – schon bei kleinen Kindern. Das beste Lernen findet doch da statt, wo Menschen aktiv dabei sind, das Gefühl haben, sie können einen Unterschied machen und nicht nur passiv empfangen. So ein Lernumfeld können aber nur Lehrpersonen vermitteln, die selber die Überzeugung haben, dass das überhaupt möglich ist, und die von dem, was sie da vermitteln, begeistert sind. Nur so kann man junge Menschen inspirieren, ihre eigenen Interessen zu finden und sie zu leben. Damit kann man schon in der Grundschule beginnen, ebenso wie mit Projektarbeit, bei der die Kinder gemeinsam Dinge herausfinden, statt mit Wissen nur gefüttert zu werden. Und nur so entstehen letztendlich Initiative und Neugierde. **Wir brauchen in Schulen eine Kultur des Entdeckens, des Fehlermachendürfens, in der man auch stärker für Anstrengung, für Durchhaltevermögen und Initiative gelobt wird als für reine Erfolge im Pauken.** Für mich ist Vielfalt der Schlüssel – wir brauchen vor allem mehr Öffnung für individuelle Wege einzelner Schulen, für Experimente. **Und wir müssen raus aus der kollektiven Zwangsfütterung mit Wissen, das aus Kindern passive Wissenskonsumenten macht.**

Hat dieser enorme Veränderungsdruck, den man im Bildungssystem spürt, auch mit dem neuen Wissensumfeld zu tun – mit dem Internet?

Auf die Wissensexplosionen der Wissenschaften, auf die Ausbreitung scheinbarer Fakten im Netz und auf die endlose Zunahme der für die Öffentlichkeit relevanten Themen kann jeder nur noch mit seiner eigenen, für ihn selbst passenden kreativen Haltung reagieren. Zu vermitteln, wie man zu seinen wirklichen Interessen gelangt und diese entfalten kann, wie man da hinkommt, ohne sich in seinem Weg zu täuschen, das ist für mich Bildung.

Was wäre für Sie nun der nächste Entwicklungsschritt – für Sie persönlich wie für unsere Gesellschaft?

Ob hier in der Schweiz, ob in Brasilien, Indien oder in den USA, überall drängen Fliehkräfte in Richtung Aufbruch, weil wir merken, dass das, was wir als moderne Gesellschaften bis jetzt getan haben, nicht nachhaltig gewesen ist. Wir spüren es, wenn noch bestehende Systeme immer schlechter funktionieren und immer mehr Frustration erzeugen. Ich denke hier natürlich zuerst an das Bildungssystem, das gilt offenkundig aber auch für etablierte »alte« Gesundheits-, Wissens-, Energie- und Finanzsysteme. Ich glaube, der Veränderungsdruck steigt. Moderne Gesellschaften oszillieren immer stärker, das heißt, sie springen permanent zwischen zwei stabilen Ordnungsmustern hin und her, zwischen einer jeweils alten Systemlösung, die wir alle kennen und die vielleicht auch lange funktionierte, und einer noch unklaren Ebene, die das Alte ablösen soll, weil wir die Nachteile alter Lösungen nicht mehr mittragen. Möglicherweise wird dieses permanente Hin und Her, diese Suche nach neuen Lösungen, über Jahrzehnte andauern und uns weiter irritieren. Auch deswegen sind viele der Beteiligten, ob Schüler oder Politiker, ob Unternehmer oder Arbeitnehmer, so nervös und gestresst.

Manche brechen persönlich in ihrem Leben auf, um neue Lösungen zu finden, interpretieren ihre Berufe und Identitäten neu. Scheinbar unvermittelt werden Banker zu Social Entrepreneurs, junge Menschen, die sich nie für Wirtschaft interessierten, brennen plötzlich für die Frage, wie globale Finanzströme funktionieren, wie man das verbessern kann. Und die anderen halten mit viel Engagement den jeweiligen Reparaturbetrieb aufrecht.

Was in Zeiten des Übergangs sicher ehrenvoll ist. Wir alle stecken da mittendrin und fliegen auf Sicht. Und das spiegelt sich auch stärker in einzelnen Biografien wider. Viel mehr junge Menschen als früher nutzen entschlossen Gelegenheiten, ihren Ausbildungsweg nach den Werten auszurichten, die sie in ihrem Leben auch wirklich ausgebildet sehen möchten. Das war vor zehn oder zwanzig Jahren in dem Ausmaß noch nicht der Fall.

Das ist ja das Spannende beim Erkennen von Veränderung. Während man wirklich Neues und sein Veränderungspotenzial erkennt, steht man damit meist ziemlich alleine da. In zehn Jahren wiederum ist das möglicherweise schon wieder gesellschaftlicher Standard. Was bedeutet diese Veränderungsgeschwindigkeit für Sie?

Niemand kann mehr für sich die eine Wahrheit pachten. Wir benötigen viele wechselseitige Positionen, die sich oft auch auszuschließen scheinen. Diese Vielfalt gilt es nun gemeinsam auszuhalten und immer besser zu verstehen. Nur im Diskurs über Grenzen hinweg liegt die Zukunft für uns alle. Vor allem das wird Wissensgesellschaften ausmachen.

ULRIKE STEDTNITZ

Die Schweizerin ist Expertin für Potenzialentwicklung und berät seit mehr als 25 Jahren Menschen aller Altersstufen, ihre ureigenen Stärken und Entwicklungsmöglichkeiten zu erschließen. Die studierte Verhaltenswissenschaftlerin und Erziehungspsychologin lehrte einige Jahre in den USA. Seit ihrer Rückkehr nach Europa engagiert sie sich für innovative und stärkenorientierte Lehr- und Lernformen. Dort (ko-)initiierte sie in den vergangenen 20 Jahren zahlreiche nachhaltige schweizerische und internationale Projekte in der schulischen und studentischen Begabungsförderung. Zusätzlich ist Ulrike Stedtnitz Buchautorin und gibt als Referentin Seminare zu Themen wie Work-Life-Balance und mehr Energie am Arbeitsplatz.

Reinhard Kahl

GEHEIMNISSE GUTER SCHULEN

Das Geheimnis guter Schulen besteht aus der Lust am Denken und dem Lernen sowie aus Individualität, sagt der Erziehungswissenschaftler Reinhard Kahl. Reine Belehrungen seien hingegen eine Zumutung.

»Mein Kopf ist voll«, schrieb eine fünfzehnjährige Hamburger Schülerin in der ZEIT. In ihrem Artikel erzählt sie, wie sie den Verdacht entwickelt, in der Schule förmlich um Lebenszeit betrogen zu werden. Der Betrieb presse Wissen in sie hinein, das sie wieder vergisst und sie eher schwächt. »Das ist absurd«, schreibt sie. Herr Kahl, wer irrt denn hier, die Schule oder die Schülerin?

Die Schulen sind für Schüler tatsächlich mehr und mehr zum Irrgarten geworden. Das System verwirrt und trägt häufig sogar zu einer Art Verwahrlosung bei. Dabei sollte doch Kultivierung, um das missbrauchte Wort Bildung zu vermeiden, das Ziel sein. Die zitierte Schülerin Yakamoz Karakurt leidet an der Schule, weil sie alltäglich erlebt, dass es eigentlich nur um ihr Kurzzeitgedächtnis geht, nicht um sie und auch nicht um die Welt, in die sie hineinwill. Und dabei wird sie gewissermaßen zum Modul in einem enorm selbstbezüglichen, ja selbstgenügsamen System, das sie von morgens bis abends beansprucht. Darauf reagieren die meisten Kinder und Jugendlichen mit Coolness. Die Schule wird ertragen. Sie wird egal. Und egal werden damit auch das Wissen und die Welt. Wissen und

Welt werden im Unterricht überwiegend zu Stoff zerrieben, der – wie Lehrer sagen – vermittelt werden muss. Ich würde sagen, Lehrer sollten das Wort »Stoff« den Dealern überlassen. Denn eigentlich ist Lernen doch die Vorfreude auf sich selbst. Lernen sollte das große Projekt des eigenen Lebens sein.

Wie ist es denn zu dieser Überladung mit Stoff und gleichzeitigen Schwächung der nachhaltigen Wirkung gekommen?

Unser Bildungssystem stammt aus einer Zeit, in der man glaubte, dass die Wahrheit von oben nach unten abgeseilt wird. Die Schule wurde neben der Einübung der Kulturtechniken eine Veranstaltung zur Belehrung und zur Wissensvermittlung. Immerhin schien es lange Zeit möglich, das Wissen der Einzelnen und das Weltwissen noch einigermaßen auf einen Nenner zu bringen. Aber eigentlich weiß man schon seit der Antike, dass das so nicht funktioniert. Ein Gedanke, den man zuerst bei Heraklit und dann bei dem Humanisten François Rabelais, einem Denker der Renaissance, findet, lautet: »Kinder wollen nicht wie Fässer gefüllt, sondern wie Flammen entzündet werden.«

Und worin besteht eigentlich dieses Phantasma des leeren Fasses, das sich so hartnäckig hält?

Ein Beispiel: Vor ein paar Jahren sollte in Hamburg eine Konferenz der gymnasialen Direktoren und Oberschulräte ein Votum zu der Frage abgeben, ob Englisch in der Grundschule eingeführt werden soll. Sie votierte dagegen. Bezeichnend ist die Argumentation. Sie befürchteten, dass es dann noch schwerer werde, im Gymnasium alle auf den gleichen Stand zu bringen. Das ist diese Logik des Fässerfüllens. Die Fässer sollen bitte schön zu Beginn ganz leer sein, rückstandsfrei, am besten sogar desinfiziert. Aber Lernen bedeutet doch immer Anknüpfen und Verknüpfen. Anknüpfen an der eigenen persönlichen Erfahrungs- und Wissensgeschichte und Verknüpfen mit der Welt. Und die Verknüpfungen sind bei jedem etwas anders. Wird aber abgefüllt, dann kommt es zu diesem Bulimie-Lernen, von dem die Schülerin spricht. In diesem Paradigma tritt alles andere mehr und mehr hinter den Schulstoff zurück. So wird der Eigensinn der Kinder, also das eigentlich Individuelle, ihre Biografie, vertrieben. Eine Folge dieses Betriebssystems der Schulen ist das Empfinden bei der Schülerin, das Leben sei draußen und nicht »hier« in der Schule. Aber wenn die Haltung »Das Leben ist anderswo« Regie übernommen hat, dann ist es gar nicht mehr zur »Bildung« gekommen. Dann werden lauter Fremdlinge herangezogen.

Der Präsident der Studienstiftung des deutschen Volkes und Hirnforscher Gerhard Roth hat auf Basis verschiedener Studien festgestellt, dass schon einige Jahre nach Ende der Schulzeit bei den meisten nur noch sehr wenig vom Schulwissen übrig geblieben ist. »Was aber übrig bleibt«, so Roth, »ist die gelernte Haltung.«

Und wenn sich die Haltung durchgesetzt hat, alles, was im Einzelnen gelernt wird, sei ja nicht so wichtig, »das mache ich halt für die Prüfung«, dann wird Lernen ein Mittel, um irgendwie durchzukommen. Diese Funktionalisierung ist die Normalverwahrlosung an vielen Schulen. Für eine Gesellschaft, in der es in der Arbeit wie in der Politik darauf ankommen wird, Probleme intelligent zu lösen, ist das eine Katastrophe. Kürzlich sagte der internationale Pisa-Koordinator Andreas Schleicher: »Tätigkeiten in Ihrer Berufsarbeit, die Sie in zwei, drei Sätzen beschreiben können, werden verschwinden, weil alles, was man in wenigen Sätzen beschreiben kann, von Maschinen übernommen werden wird.« Wie bereitet nun die Schule auf eine Welt vor, in der die Routinearbeiten von Maschinen übernommen werden und in der menschliche Arbeit mehr und mehr bedeuten wird, Probleme zu lösen? Die Vorbereitung kann doch nicht etwa eine Schule sein, in der sich Kinder und Jugendliche angewöhnen zu fragen: »Was müssen wir denn jetzt lernen?« Schüler, die sich wie Betriebswirtschafter ihrer selbst managen, verlangen dann sogar vom Lehrer, er solle »nicht so viel reden«, sondern klipp und klar sagen, was geprüft wird. Und auch Lehrer verharren oft im Status der Außensteuerung und sagen schon mal: »Ist ja eigentlich Mist, aber es steht im Lehrplan und wird geprüft!«

Warum halten wir so erbittert an diesem System fest?

Eigentlich hat an dieser bürokratischen Außensteuerung keiner mehr Interesse. **Die Wirtschaft schon gar nicht. Das Schulsystem erinnert an ein Auto, bei dem der Motor hoch-**

tourig aufheult, das aber keine rechte Verbindung mehr zum Getriebe hat. Es verbraucht viel Sprit, macht Krach, aber fährt kaum noch. Es kostet größte Anstrengung und hat geringe Wirkung.

Was wäre aus Ihrer Sicht der tiefer sitzende Grund für das Ausharren in dieser eigentlich unmöglichen Haltung?

Misstrauen und Angst. Genauer: Es ist die Angst vor der Angst, die lähmt. Außerdem gibt es tief sitzende Überzeugungen, die dazu führen, dass Lehrer ihren Schülern nicht wirklich trauen. Ein Beispiel. Die Schulleiterin einer wirklich sehr guten Schule, der staatlichen Montessorischule in Potsdam – eine der Schulpreisschulen – bekam vom Schulrat einen Anruf, sie möge bitte wegen stark abweichender Ergebnisse bei Vergleichsarbeiten vorbeikommen. Und was dachte die Lehrerin sofort?

»Mist.«

Genau. Und dann kommt sie zum Schulrat und der sagt: »Ich gratuliere Ihnen, verraten Sie uns Ihr Geheimnis!« Das heißt, auch die guten Leute sind in der Tiefe ihrer Mentalität nicht wirklich von dem überzeugt, was sie tun. Sie vertrauen nicht so recht ihrem Wissen. Auch für sie gilt, dass sich ihre Tiefenüberzeugung nur dadurch ändern wird, dass sie andere Erfahrungen machen. Auch dafür bietet die besagte Schule ein Beispiel. Dort sind die Jugendlichen während der siebten und achten Klasse ein Viertel ihrer Zeit gar nicht in der Schule, sondern in der Natur und kultivieren dort ein Grundstück. Von dort kommen sie dann in die Schule mit einer anderen Haltung zurück: »Wir wollen was, wir können was.« Und dann fangen sie an, mit ihren Lehrern zusammen ihre eigenen Lehrpläne zu machen. Und hierbei überwinden auch die Lehrer ihr Misstrauen, dass die Schüler eigentlich gar nichts selber wollten. So kommt ein neuer Geist auf. Es gibt viele Beispiele für diesen Paradigmenwechsel. Aber durchgesetzt hat er sich noch nicht. Wenn die Kinder Freude haben, dann riecht das immer noch ein bisschen nach unerlaubter Entfernung von der Truppe. Irgendwie glauben viele Lehrer und Eltern in ihrem Innersten, dass nur bittere Medizin wirkt und dass die Wirklichkeit eben bitter sei, ja dass man genau daran die Wirklichkeit erkennt. Im anderen Fall handele es sich wohl doch nur um eine individuelle Neigung. So dominieren Geringschätzung, Misstrauen und diese merkwürdige Religion des Müssens. Dahinter steckt die Angst vor dem Eigensinn. Wenn man vom Müssen zum Wollen umsteuert, dann dreht sich auch das Machtgefüge. Lehrer stellen sich dann auf die Schüler ein. Sie lernen dann sogar auch von ihnen.

Sie sagen, das alles habe auch mit unbewussten Tiefenschichten der deutschen Kultur zu tun.

In unserer Mentalitätsgeschichte gibt es einen starken Unterstrom an Misstrauen. Manchmal denke ich, in Deutschland wirkt noch das Trauma des Dreißigjährigen Krieges nach. Ein Volk der geprügelten Prügler? Klar, jetzt im 21. Jahrhundert meinen wir, das liege alles weit hinter uns. Aber die schwärzesten Stunden unserer Geschichte sind nur zwei Generationen entfernt. Ich glaube, in den Schulsystemen von Ländern wie Kanada oder Schweden wirkt nach, dass es dort lange keinen Krieg mehr gegeben hat. Und die kulturellen Atmosphären und Mentalitätsspuren sind eben nicht etwas vernachlässigbares Weiches, sondern letztendlich das Härteste und Dauerhafteste im ganzen System.

Und das kann zu blinden Flecken im Schulsystem führen?

Es gibt hierzulande eine tief sitzende Überzeugung, dass es Menschen gibt, die dazugehören, und andere, die nicht dazugehören. Das ist immer noch ein Nachhall vieler kultureller, auch politischer Brüche und Konflikte in unserer Geschichte – von den Religionskriegen an. Daher dieser starke Hang zur Selektivität im »System«. Es werden dann im Umgang Fragen betont, die man in Nordamerika oder Skandinavien gar nicht kennt: »Bist du überhaupt ein richtiger Gymnasiast? Bist du nicht vielleicht ein blinder Passagier, der, wenn wir in den nächsten Hafen kommen, von Bord muss?« Vielen, die heute erwachsen sind, wurde in der Schule immer wieder vermittelt: »Du bist ein Niemand.« Es gibt immer noch vielerorts so eine misanthropische Grundstimmung. Daraus ergibt sich diese oft beklagte Schülerstrategie, alle Kraft darauf zu konzentrieren, irgendwie durchzukommen. Das Leben in der Schule wird so aufs Überleben reduziert und das Lernen dem Auswendiglernen geopfert. Eine Maxime, die dann als Reaktion entsteht, heißt zum Beispiel: »Fall bloß nicht weiter auf.«

Aber was so lange eine gewisse Selbstverständlichkeit hatte, funktioniert heute immer weniger, und zwar funktioniert es vor allem im Arbeitsleben nicht mehr.

Was könnte stattdessen geschehen?

Alles, was verhindert, dass die Schüler so viel bluffen. Sie müssten in der Schule eine Heimat finden, die ihnen wache Gegenwart ermöglicht. Aus ihr entsteht Lust auf Zukunft. Schüler müssen es als einen Vorteil erfahren, nicht wie Untermieter durch die Schule zu schleichen, sondern sich aufzurichten.

Eine gute Schule sollte vor allem hungrig machen und es muss auch mal etwas schiefgehen können. Es kann doch nur das gelingen, was auch schiefgehen darf! Aber Kinder, Jugendliche und auch Lehrer werden sich nur dann in Unsicherheit begeben und sich selbst wagen, wenn sie auf eine basale Sicherheit zurückgreifen können. Schulen müssten also zunächst sehr viel mehr Grundsicherheit geben, damit sich die einzelnen ins Unsichere trauen. Man muss also in der Schule Angst haben dürfen! Die Institution muss so ausgerichtet sein, dass man Angst haben darf, wenn man etwas ausprobiert, dass man aber keine Angst vor der Angst haben muss. Denn die lässt Menschen erstarren. Vor ein paar Jahren haben noch viele gesagt: Eine gute Schule ist eine, in der man keine Angst hat. Ich glaube, das ist falsch. Angst ist doch eine notwendige Empfindung, wenn es um etwas Neues geht. Das ist nie ohne Risiko. Aber wo sind denn unsere Schulen, in denen man Angst haben darf, in denen den Kindern und Jugendlichen – und auch den Lehrern – bedeutet wird, hab ruhig deine Angst, aber wag was, wir werden dich stützen? »Wer sich nicht in Gefahr begibt, kommt darin um«, sagte Herbert Achternbusch. Das gilt auch für die Bildung.

Bisher haben wir Schulen, in denen man mit dem So-tun-als-Ob am besten fährt. Schüler lernen, intelligent zu gucken, statt dumme Fragen zu stellen oder zu zeigen, wo sie überfordert sind. Und auch Lehrer, die ständig so tun, als wüssten sie alles, statt zu zeigen, dass alles Wissen an Nichtwissen grenzt, sind gestresst. Glaubt man denn solchen Leuten? Kinder haben dafür eine feine Nase. Es ist es doch viel ehrlicher und für alle viel spannender, wenn jemand Fragen hat und eben nicht alles weiß.

In anderen Ländern kann man beobachten, dass Bildungseinrichtungen, insbesondere für Kleinkinder, mehr Wertschätzung erhalten als bei uns.

In Japan werden zum Beispiel Lehrer für die Kleinsten genauso gut bezahlt wie für die Großen. Bei uns ist das noch undenkbar. Unsere Tradition betont die angeblich »reine«, also die rein kognitive Wissensvermittlung. Da scheint das Gymnasium diesem angeblich »hohen« Wissen am nächsten. Was Kinder verstehen und was ihnen gefällt, gilt hingegen als »Kinderkram«. Aber kleine Kinder lernen am Tag zwanzig Wörter – ohne Lehrer und Lehrbuch. Es kommt also gar nicht darauf an, sie mit Wissen zu füllen, selbst wenn es das Allerbeste wäre, sondern Gelegenheiten zu schaffen und eine gute Atmosphäre zu erzeugen, damit sie selbst lernen. Lernen kann man nur selbst. Aber dazu braucht es Führung. Das ist im Deutschen ein schwieriges Wort. Gerade in Schulen ist es fast ein Tabu. Wer führt, darf allerdings denen, die er führt, nicht im Wege stehen. Und soll Lernen das große Projekt des eigenen Lebens sein, gehört auch die Einladung in entsprechende Räume dazu. Ich finde: Schulen sollten die Kathedralen der Zukunft sein. Wir dürfen Kinder und Jugendliche nicht in grauen Containern unterbringen, in denen sich Menschen ihrerseits als Container erleben, die abgefüllt oder nur betreut werden und die vor allem durch ihre Defizite definiert werden.

Ein weiterer Gedanke: Schüler sollten in der Schule noch andere Erwachsene als »nur« die Lehrer kennenlernen: etwa Musiker und andere Künstler, Wissenschaftler, Handwerker, also Menschen, die etwas gut können und das mit Begeisterung tun und sei es nur, dass jemand mit Spaß gut kocht. Aber was heißt da eigentlich »nur«?

Ihnen geht es vor allem um die Vermittlung der Haltung. Hierzu fällt mir das alte deutsche Wort »Herzensbildung« ein.

Ich glaube, Alice Miller hat einmal gesagt: »Jemand, der predigt, dass man lieben soll, der hinterlässt das Predigen, nicht das Lieben.« Der Habitus ist also das, was abfärbt, nicht das, was proklamiert wird. Insofern sind Lehrer als Personen gefragt, die für etwas einstehen. Das ist es, was die Schüler im Grunde interessiert. Wenn sie nicht für etwas einstehen, wenn Lehrer als Personen nicht sie selbst sind – oder sein können –, dann breitet sich eine feindliche Atmosphäre in Schulen aus. Dann bauen sich Spiralen einer Art Kleinkrieg aus, aus denen man nicht mehr so einfach aussteigen kann.

Eine Finnin, die seit langer Zeit in Berlin lebt und häufig Vorträge über das finnische Schulsystem hält, erzählt, regelmäßig kämen danach Eltern zu ihr und sagten: »Sie haben ja so recht – wenn nur diese Lehrer nicht wären!« Und Lehrer kommen zu ihr und sagen: »Sie haben so recht, aber mit deutschen Kindern kann man das leider nicht machen.« Wenn man etwas Neues versucht, geht es einfach nicht ohne das Risiko des Scheiterns. Und wenn Scheitern nicht toleriert wird, dann sucht man nach Gründen, dass man »leider« gar nichts machen kann. Dann wiederholt man sich nur noch in seinen Routinen und dann werden häufig nur noch die Tage bis zur Pensionierung gezählt.

Was gälte es an der Lehrerausbildung zu verbessern?

Andreas Schleicher, der PISA-Mann in der OECD, hat hierzu mal gesagt: »Stellen Sie sich vor, Siemens müsste ein neues Handy entwickeln, und jemand sagt: Das würden wir ja gerne tun, aber vorher muss man die Ingenieurausbildung verändern.« Da würde doch jeder lachen. Aber in den Schulen wird genau so argumentiert. Man sagt, wir würden ja so gerne vieles machen, aber vorher muss erst alles Mögliche erfüllt sein, auch bräuchten wir dazu eigentlich andere Schüler, die die Familien zu liefern haben. Man vermeidet also, selbst anzufangen. Diese Mentalitäten und Haltungen stellen Regelkreise des Bildungssystems selbst dar, die man am besten an der Stelle, an der man selbst tätig ist, am wirksamten unterbrechen kann, ansonsten produziert man immer wieder nur Ausreden und versucht sich zu exkulpieren. Das ist eine Haltung, die dann auf die Schüler übergreift. Wenn wir zum Beispiel nach Finnland blicken, dann sind wir Deutschen fasziniert, dass das Lehrerstudium dort ein beliebtes und angesehenes Fach ist. Dafür werden die Bewerber von der Universität ausgesucht, und zwar nicht nur nach Zensuren. Zu Beginn des Lehrerstudiums bekommen die Studierenden eine Schule wie eine Mentorenfirma zugeordnet, in der sie nicht nur ein Praktikum machen. Dort arbeiten sie mit und in der Praxis arbeiten sie auch an sich selbst. Dieser Prozess wird wiederum von der Hochschule begleitet. Die konkrete pädagogische Praxis wirft dann Probleme auf und stellt Herausforderungen, die lassen sich in der Hochschule erforschen und klären.

Ihr Tipp für Schulen, die sich verändern wollen?

Zum Beispiel die Primaria-Schule in St. Gallen. Dort werden Spielen und Lernen gemischt. Man trägt der Tatsache Rechnung, dass die Entwicklung von Kindern unterschiedlich verläuft und dabei auch recht sprunghaft sein kann. Lernen geht dort nicht im Gleichschritt voran. Lernen kann sehr diskontinuierlich sein.

Aber Sie lassen doch gelten, dass nicht genügend Geld da ist, die Schulen so umzubauen, dass man überall Logopäden, Psychologen und sonstige Kräfte zusätzlich in Schulen und Kitas schicken kann?

Wir wissen alle, dass Investitionen in die frühe Bildung für die ganze Gesellschaft mit weit über zehn Prozent des Investierten verzinst werden. Investitionen in die Bildung zahlen sich aus. Aber es ist nicht allein das Geld. Die architektonische Qualität der Gebäude in Skandinavien zeigt Kindern und Jugendlichen von Anfang an, dass sie hoch geschätzt werden. Das ist etwas, was viele Deutsche erstaunt, wenn sie Schulen in Skandinavien besuchen. Da hängen zum Beispiel schöne Lampen und nicht irgend so ein Neonzeug, da gibt es Bilder oder schöne Türklinken, da werden Innenhöfe und Räume aufwendig bepflanzt. Viele Deutsche fragen dann: »Ist das nicht ein bisschen übertrieben?« Nein, das ist nicht übertrieben. **Schule ist eine Einladung in die Welt und all diese Investitionen in die Bildung werden von unseren Kindern mit Zinsen zurückgezahlt. Durch ihr Engagement, durch ihre Begeisterung, durch ihr Interesse am Gelingen in der Gesellschaft. Auch die Nichtwertschätzung wird zurückgezahlt, nur in einer anderen Währung.**

Wie öffnet sich eine Schule diesem »Neuen«, das Sie an manchen Schulen bereits beobachtet haben? Sollten wir auf eine Art Best-Practice-Bewegung in Deutschland hoffen?

Bei den meisten Schulleitern, die etwas in Gang gesetzt haben, gab es tatsächlich einen Punkt, an dem sie zu sich gesagt haben: »So will ich nicht mehr leben.« An dieser Stelle wird deutlich, was Schulleitung heißt. Es geht um den Mut und um die Vorstellungskraft, dass es eine Alternative dazu gibt, von lauter müden oder sogar versteinerten Gesichtern umgeben zu sein.

Ihr Schlusswort?

Blaise Pascal hat gesagt: »Der Mensch übersteigt unendlich den Menschen.« Um sich gegenseitig zu überraschen, muss man einladende Räume und eine gute Atmosphäre schaffen. Die Erwachsenen müssen dabei den Kindern und Jugendlichen vorangehen. Die Überraschungen und Wunder des Lernens werden in einer Tradition, die einseitig dem Belehren verhaftet ist, gehemmt. Da muss man einen entschlossenen Schritt wagen.

REINHARD KAHL

Reinhard Kahl, Erziehungswissenschaftler, Journalist und Filmemacher, hat zahlreiche TV-Produktionen und Dokumentationen zu gelingenden Schulen und zur Zukunft des Bildungssystems produziert und dafür zahlreiche Preise gewonnen (Grimme, Civis). Im Zentrum seiner Arbeit stehen die Lust am Denken und Lernen, die Zumutung, belehrt zu werden und die endlosen Dramen des Erwachsenwerdens. 2004 gründete er das »Archiv der Zukunft« mit Dokumentationen über Bildung, die gelingt, wie beispielsweise »Treibhäuser der Zukunft« und »Kinder! – Über das Lerngenie«.

Sascha Spoun

LEBEN IN WÜRDE UND FREIHEIT

Die Bildungsdebatte ist in vollem Gang. Aber nicht alle Reformen machen Sinn, weiß Sascha Spoun, Präsident der Leuphana Universität. Was Bildung wirklich bedeutet, warum es so viel Spaß macht, sie anzustreben, und wie man sie im eigenen Kopf erschaffen kann.

Eltern wetteifern um die möglichst frühe Anmeldung an der vermeintlich besten Kita oder Privatschule, der SPIEGEL beklagte schon das »überförderte Kind«. Experten sprechen von »Bildungspanik«, prognostizieren immer mehr »Bildungsverlierer«. Hat unsere Gesellschaft ihren »Bildungskompass« verloren?

Bildung ist in jeder Gesellschaft der Garant von Wohlstand und die Grundlage für die Sicherung dieses Wohlstands für die Zukunft. Deshalb ist die Debatte über Bildung immer auch eine Debatte über die Zukunftsgestaltung von Gesellschaft. Auch für Deutschland ist der Diskurs über Bildung und über den Zugang zu Bildung sehr wichtig, aber er wird aus meiner Sicht immer noch zu stark auf der strukturellen Ebene geführt. Oft wird ein Thema bildungspolitisch eng auf bestimmte Organisationsformen von Schulen, auf Lehrpläne oder Abschlüsse reduziert und ad acta gelegt, sobald jeweils eine punktuelle Lösung gefunden worden ist. Stattdessen müsste man aber die Debatte genau hier fortsetzen und mit Weitsicht über geeignete und nachhaltige Förderung von Bildung sprechen, für den frühkindlichen Bereich ebenso wie für Schule und Studium.

Im angeblichen Land der Dichter und Denker stellen junge Studierende aus Brasilien, Indien und den USA verblüfft fest, dass kaum noch jemand etwas Substanzielles über Kant, Luther oder Goethe, über unsere eigenen Bildungstraditionen, zu wissen scheint. Zugleich gibt es diesen drängenden Ton in der öffentlichen Debatte, beispielsweise, wenn es um fehlende Ingenieursstellen geht.

Der gesellschaftliche Aufbruch von 1968, der die Vorstellung von einem festen Bildungskanon ebenso hinter sich ließ wie die von einer exklusiven Bildungselite, war gut und wichtig, aber zugleich gingen durch diesen Wandel auch Wertekulturen und Themen verloren. So wurden Leistungsorientierung und -differenzierung negativ konnotiert, was teilweise noch bis heute nachwirkt. Die Abkehr von der exklusiven Bildungselite führte leider oftmals zum gegenteiligen Extrem, zum Weichzeichnen von Leistungsunterschieden, und in letzter Konsequenz auch zu Pauschalbefunden über den Bildungsstand der Deutschen, wie Sie ihn in Ihrer Frage formulieren. Stattdessen müssen wir in der bundesdeutschen Debatte über Pisa und Hochschulreformen dahin kommen, das Ziel Bildung selbst wieder in den Blick zu nehmen und dieses Ziel als erstrebenswert zu verstehen und zu bewerben. Das wäre dann eine wichtige Motivationsgrundlage für alle Mitwirkenden am Bildungssystem – Lernende, Lehrende, Eltern und Arbeitgeber –, Leistung zu erbringen und zu erwarten.

Erst die Bildungsstudie 2011 der Bertelsmann Stiftung hat die gravierenden Unterschiede im Bildungsangebot, beispielsweise zwischen nördlichen und südlichen Bundesländern, der Öffentlichkeit bewusst gemacht und eine Debatte angestoßen. Warum wurde die notwendige Transparenz zwischen den Bundesländern nicht von der Politik geleistet?

Weil es viel leichter ist, eine Debatte über Ideologien zu führen, als über Fakten. Jörg Dräger, der Initiator der Bildungsstudie, sagte in einem Interview: »Es ist frustrierend, zu sehen, dass wir mehr über den Export von Gewindeschrauben wissen als über die Lernbedingungen in unserem Land.« Das bringt es irgendwie auf den Punkt. Deshalb ist der erste Schritt zu einer ehrlichen Bildungsdebatte eine Verständigung auf die konkreten Fakten. Erst dann kann man sich auf gemeinsame Ziele und Maßnahmen einigen.

Warum eigentlich haben wir in Deutschland eine so ideologisierte, emotionale Bildungsdebatte?

Wir verfälschen den Bildungsbegriff, weil wir nicht mehr über das Wesentliche der Bildung selbst sprechen, sondern nur noch über den dem jeweiligen Bildungsniveau entsprechenden gesellschaftlichen Status. Aber Bildung ist vor allem die Voraussetzung für die individuelle Entfaltung zu einem Leben in Würde und Freiheit. Das kann völlig für sich genommen stehen und braucht keine Verwendbarkeit oder Nützlichkeit. Das ist ja das Schöne daran. Bildung ist überzwecklich. Wenn wir das nicht mehr erkennen, kommen wir nicht mehr an den Punkt im Erleben, wo Bildung auch Freude und Lust ist und identitätsstiftend, also einen Wert an sich darstellt.

Wenn ich mich frei und selbstbestimmt einigen Bildungsinhalten annähere, erhalte ich den Wert, den Bildung an sich darstellt. Dieser scheinbar ›nutzlose‹ Wert macht Bildung erst verwendbar, ich erhalte einen Nutzen, wo ich nach gar keinem Nutzen gesucht habe.

Das Wundervolle an Bildung ist, dass sie sich als Prozess in meinem Leben in verschiedenen Kontexten entfaltet und dieses Leben dabei verändert. Die Kontexte kann ich mir frei wählen, weil über den Bildungsprozess, das Lernen, Entdecken, Suchen und Finden, ein Einswerden zwischen Inhalten, Themen und der Person selbst entsteht. Dann stehen die Dinge, also die Lerninhalte, nicht mehr fremd und isoliert für sich da, sie werden mir nicht mehr oktroyiert, sondern man lebt durch sie und mit ihnen. Und das macht große Freude.

Seitdem an den Gymnasien G8 eingeführt wurde, klagen viele Eltern, dass ihre Kinder zu viel pauken müssen. Auf der Ebene der Schulfächerthemen kann man sich nicht einigen, welche Schwerpunkte man setzt. Halten wir an dieser Vorstellung fest, man müsste möglichst viel einpauken, weil das tiefere, humanistische Bildungsethos, von dem Sie sprachen, kaum noch gelebt wird?

Hier greift genau das, was ich mit der Verengung des Bildungszieles auf das Erreichen eines sozialen Status meinte. Wenn jedwedes intrinsische Interesse an den Bildungsinhalten fehlt und das Abitur nur aus Statusgründen erreicht werden soll, dann sucht man nach Abkürzungen für den Bildungsprozess und lernt zum Beispiel in der Nacht vor der Klausur die relevanten Prüfungsinhalte auswendig. Das geht natürlich nur, wenn mir die Schule dazu auch die Gelegenheit gibt, weil sie mir normierte Aufgaben stellt, die Wissen mechanisch abprüfen. In weit gestellten Aufgaben wie dem Schreiben eines Aufsatzes, künstlerisch-kreativen Aufgaben wie dem Theaterspielen oder problemorientierten Aufgaben wie in der Projektarbeit ist dieser *shortcut* nicht möglich und es wird eine echte Auseinandersetzung mit den Bildungsinhalten angeregt. Deswegen ist es eine wichtige Aufgabe für Schulen, zum einen Aufgaben zu stellen, die den ganzen Menschen ansprechen und fordern und im Rahmen eines längeren Prozesses bearbeitet werden. Für unsere Schulen stellt sich zum anderen aber auch die viel schwierigere Aufgabe, Schülern und ihren Eltern zu vermitteln, dass Pauknächte ohne echtes Interesse nichts erreichen werden außer einer Ziffer auf Papier. Nur über die echte Beschäftigung über Hürden hinweg klärt sich für den Einzelnen, was Bildung für ihn bedeuten könnte und was nicht.

248 Müssten jetzt nicht mehr Gesamtschulen entstehen, in denen Lernschwächere wie Begabte mit höherem Zeitaufwand gefördert werden, wo in einem späteren Übergang die gymnasiale Oberstufe mit angeboten wird? Bleibt die frühe Selektion in der vierten Klasse erhalten, geht doch auch der Run auf das Gymnasium aus Statusgründen weiter. Dann haben wir »oben« auch Schüler, die vom gesellschaftlichen Status her regelrecht von ihren Eltern durchgepaukt werden, inklusive Nachhilfestunden und so weiter, und »unten« bleiben Begabungen liegen, die nie richtig gefördert wurden.

Es gibt schon viele Schüler, bei denen bereits zu einem frühen Zeitpunkt eine valide Prognose über den zu erwartenden Schulerfolg auf gymnasialer Ebene möglich ist. Bei anderen kann man früh – ebenfalls mit relativ hoher Wahrscheinlichkeit – das Gegenteil aussagen. Und dann gibt es eine mittlere Gruppe, die ihre Begabungen und ihr Leistungspotenzial erst zu einem späteren Zeitpunkt voll entwickeln. Hier ist richtige Förderung am wichtigsten.

Es stellen sich auch Fragen, die das Thema in der Bevölkerung oft emotional aufladen – etwa, ob es bei den kognitiven Voraussetzungen nicht auch eine starke Schichtabhängigkeit gibt. Oder ob bei der Wahrnehmung der kognitiven Fähigkeiten durch die Lehrer unbewusste Vorurteile wirksam werden.

Das Phänomen des sogenannten »Pygmalion-Effektes«, also der Situation, dass man einem Schüler gegenüber das Vorurteil hat, er sei leistungsschwach und ihn dann nicht richtig fördert, sodass er tatsächlich leistungsschwach wird, ist in Bezug auf Eltern und Lehrer, die primären Mittler von Bildung, wissenschaftlich recht gut belegt. Zugespitzt formuliert: Wo man kein Potenzial sucht, kann es auch nicht gefördert werden. Wir müssen deshalb besonders mit denjenigen Kindern und Schülern arbeiten, deren Potenzial noch nicht vollständig entwickelt ist, und ihnen schon im Kindergarten und in der Primarschule eine geeignete intensive Förderung zukommen lassen, um ihr Bildungs- und Leistungspotenzial zunächst ins Bewusstsein zu heben und es dann zu entwickeln. Teams von Grundschullehrern, Erziehern, Logopäden müssen so zusammenarbeiten, dass sie angemessen fördern können. Da liegt unsere Bildungsreserve!

Und das schon vor der vierten Klasse?

Unbedingt! Schauen Sie sich mal die großen Divergenzen in der Lesekompetenz bereits nach der ersten Klasse an. Und wer schon hier zurückliegt, ist schnell abgehängt. Vor allem Kita-Erzieher und Grundschullehrer müssten besser ausgebildet und gefördert werden, weil sie neben den Eltern den wichtigsten Grundstein für den späteren Schulerfolg legen. Man kann zeigen, dass leistungsstarke Schüler bis zu ihrem fünften Lebensjahr im Schnitt mehr ermutigende als restriktive Rückmeldungen erhalten haben und dieses Verhältnis bei leistungsschwachen Schülern genau umgekehrt ist. Der Bereich der angemessenen frühen Förderung ist sehr komplex und Veränderungen sind daher schwierig. Aber sie sind notwendig.

Wie steht es um die Gruppe der fünf bis fünfzehn Prozent, die nicht einmal den Hauptschulabschluss erreichen?

Die Sorge um diese Gruppe ist aus meiner Sicht ebenfalls eine zentrale gesellschaftliche Aufgabe. Ich würde sogar so weit gehen, lieber im Gymnasium eine Klasse mit dreißig statt nur mit fünfundzwanzig Schülern zuzulassen, damit in einem anderen Schulzweig für die Gruppe der leistungsschwachen Schüler Klassen mit acht statt mit sechzehn Schülern finanziert werden können. Wenn wir den Anteil derjenigen, die zumindest den qualifizierten Hauptschulabschluss erreichen, erhöhen, bieten wir einer Gruppe, die sonst ganz schwierige Perspektiven hat, unglaublich mehr Lebenschancen.

Das alles wird schon so lange besprochen und empfohlen. Wir haben so viel Expertise und es passiert doch so wenig.

Das sehe ich anders. Es ist sehr viel in Bewegung – ob immer in die richtige Richtung, ist eine andere Frage. Sehen Sie sich die Expansion der Hochschulen in den letzten Jahren an: Besuchten zu Beginn der Neunzigerjahre etwa 25 Prozent eines Altersjahrgangs die Hochschulen, sind es heute gut 40 Prozent. Ein Resultat dieser Leistung der letzten Jahre ist das, was wir heute als Wissensgesellschaft apostrophieren und wovon wir uns eine sinnvolle Weiterentwicklung erhoffen. Dazu gehören die Leistungen der Schulen. Dann sehe ich eine hohe Aktivität des Bundes für Bildung und Wissenschaft. Nehmen Sie hier die großen Bundesforschungseinrichtungen, also Max Planck, DFG, Helmholtz, Fraunhofer. Sie alle erhalten derzeit einen jährlichen Aufschlag von drei Prozent. Und auch die Bologna-Reform beginnt langsam – nach vielen anfänglichen Fehlern – Früchte zu tragen. Entgegen allen Unkenrufen sind junge Bachelor-Absolventen für die potenziellen Arbeitgeber genauso wie für Masterstudiengänge sehr attraktiv.

Zu welcher Erkenntnis könnte man heute gelangen, wenn man sich selbst als Teil einer verantwortlich lebenden und denkenden Gruppierung unserer Gesellschaft sieht? Wie kann es gelingen, dass mehr Bürger Mitverantwortung für Bildungsthemen übernehmen?

Die Frage nach der Identität des deutschen Bürgertums bleibt schwierig. Vielerorts wird weniger ein Gemeinschaftsgedanke gelebt, der von einem bürgerlichen Selbstbewusstsein, von Spendenkultur und bürgerlichen Werten getragen würde, sondern es werden Einzelinteressen in den Mittelpunkt gestellt. An dieser Stelle eine neue Kultur der Inklusivität und des Miteinanders zu schaffen, braucht Zeit. Doch bin ich guter Hoffnung, dass es gelingen kann. Ein erster Schritt könnte darin bestehen, dass Räume geschaffen werden, damit sich Menschen mit unterschiedlichem sozialem Hintergrund überhaupt begegnen können, etwa bei gemeinsamen ehrenamtlichen Projekten oder öffentlichen Festen. Diese reale Begegnung kann dann Missverständnisse entkräften und womöglich vorhandene Vorbehalte abbauen helfen.

Vielerorts wird im Moment über direktdemokratische Formen der Schulgemeinden nachgedacht.

Die direktdemokratische Einbindung aller Mitglieder der Schulgemeinden in deren Entscheidungsprozesse ist eine interessante Idee, aber auch problematisch, da die Fachperspektive

zurückgedrängt würde und dieses politische Engagement auch zu einer weiteren Ausdifferenzierung führen könnte. Einfach, weil sich die Bürger in verschiedener Weise beteiligen werden und – zum Beispiel aufgrund unterschiedlicher Arbeitsalltage – beteiligen können. Es geht also zentral um die Frage, wie viel Gleichheit und Apathie wir hinnehmen, wenn wir in einem staatlich normierten Bildungssystem verharren. Oder wie viel Ungleichheit wir durch bürgerliches Engagement mittragen können – beide Formen haben Vor- und Nachteile.

Hier eine gute Balance zu finden, die Kraft, die man mobilisieren kann, zu mobilisieren, aber nicht nur Disparitäten zu verstärken – das wäre für mich intelligente Gestaltung von Bildungspolitik. Wenn ich diese Aktivierung durch bürgerliches Engagement habe, muss ich zielgerichtet zusätzlich in den Bereichen fördern, in denen sonst die Defizite zu groß werden.

Nicht zuletzt: Wie wichtig bleibt bürgerliches Engagement für das Land?

Am wichtigsten bleibt die Verteidigung der offenen Gesellschaft, die Chancen für Leistungswillige und zugleich auch Förderungs- und Integrationschancen anbietet. Zugleich sind Voraussetzungen zu schaffen, damit unser Land sich modern weiterentwickeln kann. Es muss in die Zukunft investiert werden, nicht in endlose Reparaturbetriebe. Hier fallen mir Themen wie Energiewende oder Ökosteuer ein, sofern gewonnene Geldmittel sofort wieder in Zukunftsinvestitionen fließen. Solche Themen werden aber schnell auf oberflächliche Debatten über Konjunkturprogramme und Wachstum reduziert. Stattdessen ist zu fragen: Was können wir jetzt für das Zukunftspotenzial des Landes tun?

Noch einmal zur Bildungspolitik. Wenn man die Ausbildung von Erziehern und Lehrern deutlich verbessern möchte, stünden vor allem Hochschulen in der Pflicht.

Deswegen haben wir an der Leuphana eine eigene Fakultät für Bildung eingerichtet, eine Einrichtung auf Fakultätsniveau für die Lehrerbildung. In einem zweiten Schritt sollen die Lehramtsstudenten Angebote und Bildungserfahrungen mit anderen Studierenden teilen und so in den wissenschaftlichen Diskurs eingebunden werden können, damit die lange an verschiedenen Orten gepflegte Haltung »Für's Lehramt reicht's« aufgebrochen wird. Diese Teilintegration ist wichtig. Angehende Lehrer müssen sich als erste – und mitunter auch hauptsächliche – Repräsentanten und Vermittler einer Wissenskultur verstehen lernen. Diesen Wandel bei den Studierenden selbst haben wir mit anzuregen und zu begleiten. Der Referenzrahmen für das Lehren sollte nicht mehr die sehr intensiv prägende Lernerfahrung aus der eigenen Schulzeit sein, sondern eine durch moderne Fachdidaktiken der Universität geschulte professionelle Kompetenz. Das ist unser Ziel für das Lehramtsstudium.

SASCHA SPOUN

Sascha Spoun gilt als eine der prominentesten Stimmen für eine Neuausrichtung der Hochschulen in Deutschland. Er ist Präsident der Leuphana Universität Lüneburg und Gastprofessor für Universitätsmanagement an der Universität St. Gallen. Seit 2004 lehrt er zudem an der wirtschaftswissenschaftlichen Fakultät der Universität Zürich. Seine Forschungsarbeiten widmen sich dem Public Management wie auch Zielen, Inhalten, Methoden und Ergebnissen der Hochschulentwicklung. In St. Gallen leitete er das Reformprojekt »Neukonzeption der Lehre«, eine fundamentale Umstellung des Studiums auf Bachelor und Master sowie die Einführung verschiedener didaktischer und organisatorischer Innovationen.

MEHR AUS DER EDITION STIFTERVERBAND

»Wir sind es leid, und wir sind nicht die Einzigen.«

Klartext für die Wissenschaft: Das Buch von Susanne Weiss und Michael Sonnabend ist ein praktisches Handwerksbuch und ein Appell an Wissenschaftler, gewollter und ungewollter Unverständlichkeit abzuschwören und sich bei der Wahl der Kommunikationstechniken in der Gegenwart zu bewegen. Es geht um den guten Ruf der Forschung.

Das Werkstattbuch bietet nicht nur eine kurze Zusammenfassung beliebter Vorurteile und Irrtümer über das Schreiben in der Wissenschaft, sondern auch Übungen für Wissenschaftler (und andere), die erkannt haben: Ein klarer Satz ist weder ein Zufall noch eine Frage des Talents. Er ist vielmehr das Ergebnis von Übung und Arbeit und vor allem eine Frage der Haltung.

Für die beiden Autoren ist Wissenschaftssprache keine Sondersprache: »Jede Art von Text hat denselben Regeln zu folgen – sei es eine wissenschaftliche Arbeit, eine journalistische Textsorte, eine Predigt, eine politische Rede oder ein Geschäftsbericht.« Denn auch Wissenschaftlerinnen und Wissenschaftler leben und arbeiten nicht im luftleeren Raum, sondern mitten in einer Gesellschaft, die sie alimentiert und Erwartungen in sie setzt.

www.schwafelkiller.com

ISBN 978-3-922275-47-3

Stifterverband
für die Deutsche Wissenschaft
Sonnabend & Weiss
SCHREIBEN
BLOGGEN
PRÄSENTIEREN
WEGE DER WISSENSCHAFT IN DIE WELT
EINE REPUTATIONSWERKSTATT